60 pasos p

COLECCIÓN Superación

Escuchar los sentimientos
MYRA CHAVE-JONES

Vivir bien a partir de los cuarenta
MARY BATCHELOR

El coraje de ser positivo
PATRICIA G. WENZEL

Enfoques para una vida más sana, I
GABRIEL JORGE CASTELLÁ

Enfoques para una vida más sana, II
GABRIEL JORGE CASTELLÁ

Separados en nueva unión
SILVIA ADRIANA PERLA / JORGE GUILLERMO CASTELLO

ULRICH KOHLMEIER, calificado en industria y comercio, diplomado en administración comercial; estudió economía de empresa en Gotinga y Economía en Adelaide, Australia. Después de desempeñar, durante varios años, cargos directivos en las esferas de estrategia y control en Chile, Ecuador y Alemania, actualmente, es asesor en administración, estrategia y desarrollo empresario.

ULRICH KOHLMEIER

El mito del éxito

60 pasos para alcanzar la libertad personal

Imported by
SEPI BOOK
305 279 0605
Miami, FL
sepibook@gmail.com

SAN PABLO

Distribución San Pablo:

Argentina
Riobamba 230, C1025ABF BUENOS AIRES, Argentina.
Teléfono (011) 5555-2416/17. Fax (011) 5555-2439.
www.san-pablo.com.ar – E-mail: ventas@san-pablo.com.ar

Chile
Avda. L. B. O´Higgins 1626, SANTIAGO Centro, Chile.
Casilla 3746, Correo 21 - Tel. (0056-2-) 7200300.
Fax (0056-2-) 6728469.
www.san-pablo.cl – E-mail: spventas@san-pablo.cl

Perú
Armendáriz 527 – Miraflores, LIMA 18, Perú.
Telefax: (51) 1-4460017
E-mail: dsanpablo@terra.com.pe

Kohlmeier, Ulrich

El mito del éxito – 1ª ed. 2ª reimp. - Buenos Aires: San Pablo, 2008.
192 p.; 20x13 cm. – (Superación)

ISBN: 978-950-861-728-6

1. Superación personal. I. Título

CDD 158.1

Con las debidas licencias / Queda hecho el depósito que ordena la ley 11.723 / © **SAN PABLO**, Riobamba 230, 1025 BUENOS AIRES, Argentina. E-mail: director: editorial@san-pablo.com.ar / Impreso en la Argentina en el mes de julio de 2008 / Industria argentina.

ISBN: 978-950-861-728-6

Prefacio o cómo y por qué surgió este libro

a) *Criterios básicos del presente libro*

El siguiente poema, escrito en un mantel individual en el restaurante *Bohemia* de Santiago de Chile, dio una nueva orientación a mi vida. En el primer momento, me dejó perplejo. Luego, quedé pensativo durante unos minutos, consciente de que me impulsaba a reflexionar, en forma más profunda e intensa, acerca de las cuestiones que, una y otra vez, nos planteamos los seres humanos. Y, debido a que los pensamientos son el germen de las acciones, estas reflexiones se plasmaron en el libro que tienes ante ti.

Si pudiese volver a vivir mi vida, *cometería más errores el año próximo. No aspiraría a tanta perfección. Me dejaría ir. Me permitiría más tonterías. Más aún, me tomaría en serio muy pocas cosas. Y sería menos pedante.*

Correría más riesgos; viajaría más; contemplaría más puestas de sol; escalaría más montañas; nadaría en más ríos. Visitaría más lugares que no conozco; tomaría más helados y comería menos porotos; tendría más problemas reales y menos imaginarios. Yo fui una de las tantas personas que vive cada minuto de su vida de manera provechosa y sensata.

Es verdad que también tuve momentos muy agradables. Pero, si pudiese volver atrás el reloj, trataría de que cada instante fuese de alegría. Por si no lo saben, toda la vida consiste en instantes. No los dejen pasar. Yo era de los que no van a ningún lugar sin un termómetro, una bolsa de agua caliente, un paraguas y un paracaídas. Si volviese a vivir, no cargaría tanto mis valijas. Si volviese a vivir, me quitaría los zapatos al comenzar la primavera y andaría descalzo hasta fines del otoño.

Si volviese a tener la vida por delante, daría más paseos en coches tirados por caballos, contemplaría más amaneceres y jugaría más con los niños. Pero ya ven, tengo 85 años y estoy cerca del fin (Jorge Luis Borges).

No puede negarse que, a cierta edad, ya no es posible recuperar el tiempo perdido ni ver cumplidos en su totalidad los deseos irrealizados. Pero doy por sentado que la mayoría de mis lectores es mucho más joven y debería aprovechar aquí y ahora la oportunidad para reflexionar seriamente sobre el mensaje que transmite el poema, al advertirnos que no nos olvidemos de vivir, que maximicemos el momento y optimicemos el tiempo que nos ha sido dado.

¿Te reconoces en algún pasaje del texto que acabas de leer? Si es así, estoy convencido de que también te reconocerás en muchas de mis reflexiones, que te inspirarán de manera semejante.

b) *¿Por qué éste es un libro diferente?*

Cuando escribía mi libro, lo cual me llevó varios años, recordaba, una y otra vez, las palabras de Mark Twain:

Es cosa de idiotas dedicar siete u ocho meses a escribir una novela, si en cualquier librería podemos comprarla por dos dólares.

Esta opinión tiene cierta razón, no obstante, en mi caso, encuentro buenos motivos para realizar mi contribución. Uno de los principales es que un libro de tales características no se halla en el mercado. Los temas no son nuevos, pues ya existen numerosos libros escritos sobre una u otra de las reflexiones que me ocupan. La originalidad de mi obra estriba en que las reúno a todas en un solo libro. Quien desee abordar el tema de la alegría de vivir, de la motivación, del éxito, la felicidad, la paz interior, la conciencia de sí, la comunicación, el equilibrio, la despreocupación, la calidad de vida, etc., sintetizados en el concepto de "libertad de la persona", deberá leer alrededor de ciento veinte libros. Para agilizar y facilitar el trabajo al lector es que propongo esta obra, en donde he comprimido los elementos esenciales que la determinan.

Al redactarla, tuve muy en cuenta que el conjunto de temas tratados fuese lo más comprensible, atractivo e interesante posible sin por ello empobrecer su contenido. Como en un supermercado, este libro ofrece al lector una amplia variedad de estímulos, ideas y estrategias, entre las cuales podrá escoger aquellas que le sean de utilidad, según sus necesidades personales.

c) ¿A quién va dirigido el libro?

Este libro de consulta fue escrito para todo el que desee descubrir y desarrollar las oportunidades que la vida le presenta. Vale decir:

1) Para las personas que no están satisfechas con su situación actual y se preguntan qué pueden hacer para mejorarla de modo profundo y duradero, elevando su calidad de vida privada y profesional. Se propone actuar como "push-factor" (factor de empuje), de incentivo que los incite a superar la circunstancia en la que están inmersos.
2) para todos aquellos que, estando satisfechos con la situación personal del momento, aspiran a obtener nuevos impulsos, ideas y estímulos que les permitan avanzar hacia una meta futura de largo plazo, sea en 3 ó 5 años.

Les deseo éxito en esta empresa y que sepan disfrutarla.

Agradecimientos

Deseo expresar mi agradecimiento a todos los que, de una u otra manera, contribuyeron a hacer realidad el proyecto de editar este libro: a mis antiguos colegas, Astrid Joerissen y Olaf Baguhl, por la revisión crítica y corrección del manuscrito. A mi esposa, Louise Jannert, por el incansable apoyo, entusiasmo y paciencia que demostró respecto a todos mis proyectos; y a la editorial, por su interés flexible y dinámico, acompañando mi esfuerzo de forma por demás competente.

ULRICH KOHLMEIER
PORTA WESTFALICA, JULIO DE 2002

Reflexiones que nos guiarán en el camino hacia la libertad personal y el éxito en la vida

*Por cierto, no puedo decir
que las cosas mejorarán cuando cambien;
pero sí me atrevo a decir
que las cosas deben cambiar
si deseamos que mejoren*
(Georg Christoph Lichtenberg).

Reflexión N° 1

¿De dónde vengo, hacia dónde quiero ir? O bien: ¿Quién soy, quién quiero ser?

La pregunta clave con que iniciamos nuestras reflexiones es en qué lugar te encuentras en este momento y a dónde quieres ir. Sólo tú conoces la respuesta a tal pregunta. Con este libro, sí podrás aprender cómo llegar allí. Es decir, qué cualidades, estrategias, principios y herramientas te son indispensables para alcanzar tu objetivo.

(Grado de libertad personal),
   definida como satisfacción, independencia, esparcimiento, despreocupación, calidad de vida, etc.

alto	cristalización de metas
	puesta en acción: realización de los proyectos
	definición y planificación de las medidas necesarias
	fijación de objetivos concretos y unívocos
	análisis de las facetas fuertes y débiles de la personalidad, y de los aspectos que despiertan o no despiertan el interés
	desarrollo de visiones

avance hacia un desarrollo posible de las potencialidades

persistencia en el nivel de desarrollo previo

relativamente bajo

(duración de vida)

hace 5 años   HOY   futuro

Trata de recordar dónde te encontrabas hace tres o cinco años y dónde te encuentras hoy. El lugar en que te hallas en la actualidad es el producto de las decisiones que tomaste o dejaste de tomar en su momento. En esta primera aproximación al tema, consideraremos que el componente financiero es secundario en la determinación de tu situación actual, dado que la experiencia nos enseña que existe una estrecha correlación entre libertad personal y éxito económico. El éxito y el dinero son, más bien, la consecuencia natural y espontánea de la libertad personal. Podemos avanzar un paso más y expresarlo de manera contundente y provocativa: el éxito financiero es un subproducto de la libertad personal. Pese a ello, o tal vez a causa de ello, trataré el tema del éxito en la vida de modo explícito y pormenorizado en mis reflexiones.

La libertad personal no significa poseer una abultada cuenta bancaria. Es la combinación de una honda satisfacción interior, una actitud despreocupada y jovial frente a la vida, equilibrio psíquico, éxito, independencia, felicidad, exigencias, en una palabra, gusto por la vida.

De ahí que, en esta reflexión, plantee el siguiente interrogante: ¿cuál es, según tu estimación, tu grado de libertad personal? Si imaginas que tu desarrollo fuese a continuar en forma lineal sin mayores modificaciones, ¿estarías satisfecho con el resultado? ¿Significaría que has alcanzado tu libertad personal? Si la respuesta es SÍ puedes cerrar el libro con tranquilidad y obsequiarlo a otra persona. Pero si no estás satisfecho y tienes otras expectativas con respecto a tu vida, no hay duda de que tu respuesta es **no**. En tal caso, te alegrará haber abierto este libro y lo disfrutarás durante el viaje hacia la libertad y el éxito personal que te invitará a emprender.

Reflexión Nº 2

Sueños.
El combustible de tu vida

Según Nelson Mandela, *el futuro pertenece a los que creen en la belleza de los sueños.* En mi caso, paso al menos una hora diaria soñando, sin importarme dónde ni cuándo: a la mañana temprano antes de levantarme, en la ducha, mientras conduzco mi automóvil, en el baño, mientras paseo o poco antes de ir a dormir. ¿Sabes por qué? Porque, en mis sueños, puedo ser todo lo que deseo. Puedo hacer y tener todo lo que anhelo. Creo que es absolutamente evidente que *los sueños son el combustible, la fuente de nuevas ideas para nuestra vida.*

Además, los sueños entrenan los músculos de la imaginación, base esencial de todo cambio, ya que nuestro progreso personal depende de que nuestra imaginación funcione a la perfección. Vuélvete también tú un soñador y extrae de tus sueños nuevas visiones y pensamientos. No me refiero, por supuesto, a sueños de éxito y opulencia obtenidos sin esfuerzo, como ganar la lotería o descubrir un lingote de oro en tu balcón. Éstos no son sueños auténticos, sino meras ilusiones que, en lugar de iluminar el camino hacia la meta, nos conducen a un callejón sin salida.

Muchas personas desperdician, olvidan o pasan por alto pensamientos interesantes que podrían resultar de gran provecho para sus vidas. Una manera eficaz de evitarlo es anotar las ideas que van surgiendo. Te recomiendo que, para ello, te reserves un cuaderno *ad hoc*. Así, conservarás los frutos de tus pensamientos y reflexiones, y los tendrás a mano, si deseas desarrollarlos y llevarlos a la práctica. No debería subestimarse la importancia de contar con un diario de ideas, pues, al anotar sistemáticamente tus sueños, deseos, pensamientos y visiones, irás avanzando de modo concreto hacia una definición de tus metas, hito fundamental en tu marcha hacia la libertad personal.

También este libro fue una visión que se hizo realidad, al poner al servicio de otros mis experiencias, observaciones y cavilaciones. Estés donde estés, comienza a soñar desde hoy. Sumérgete en tu vida interior y transfórmate en una esponja.

Soy una buena esponja, pues absorbo ideas y las hago fructificar. La mayor parte de éstas perteneció originariamente a otras personas, que no se tomaron el trabajo de desarrollarlas. Estas medulosas palabras de Tomás A. Edison ilustran, además de la importancia de concentrarse en las ideas, la de desarrollarlas consecuentemente.

El que se limita a soñar con metas exitosas no debe sorprenderse, si, por dormilón, deja pasar las oportunidades.

Reflexión N° 3

La meta de la vida es que nos fijemos metas de vida

¿Por qué te levantaste esta mañana? ¿Qué te indujo a iniciar el día? ¿Te motivó el propósito de hacer algo diferente? ¿Has intentado hacer algo diferente?

Merced a mis contactos con todo tipo de personas, en los últimos años, he llegado a la conclusión de que son muy pocos los que tienen un objetivo claramente definido. ¿Lo tienes tú? A mi juicio, un firme y sólido "porqué" puede vencer todos los "cómo". Pero si careces de un "porqué", los "cómo" podrán derrotarte.

Tu brújula debe ser la determinación de metas. La meta debe ser para ti como la estrella polar o la Cruz del Sur, que te guiará como una luz en las tinieblas.

Por experiencia, opino que no son las circunstancias que nos tocan vivir, ni los hechos ni los datos externos, sino nuestras decisiones las que definen nuestra vida, y me atrevo a asegurarte que nadie podrá detenerte ni contrariarte, si te has establecido objetivos claros. Sin embargo, es fundamental que te orientes a través de las metas y no que adaptes las metas a tu persona. ¿Por qué? Porque si las orientas por lo que eres hoy, no avanzarás más que a pasos muy reducidos, sin agotar tu potencial. En otras palabras: tú juegas para no perder.

En cambio, si te propones jugar para ganar, deberás lograr que tus metas sean tus sueños y visiones. Esto te hará crecer día a día, y, en lugar de avanzar lentamente, marcharás de salto en salto.

Ahora bien, ¿qué es una meta?

Si consideras un anhelo o una visión como una meta, deberás tener en cuenta que:

- sea mensurable,
- sea concreta y realista,
- sólo pueda alcanzarse mediante la acción,
- ejerza en ti profunda y auténtica fascinación,
- desees seriamente alcanzarla,
- el alcanzarla tenga tal importancia y prioridad para ti, que estés dispuesto a aceptar ciertos esfuerzos y restricciones.

Tus metas deben ser sustanciales y tuyas en exclusividad, dado que los resultados que no obtenemos luchando no nos aportan rédito interior alguno. No solemos perseguir con gran entusiasmo las metas que otros fijan por nosotros. No es raro que aquellas que no surgen de nosotros mismos nos lleven al fracaso y no nos hagan progresar.

Por carecer de una meta visionaria clara, los marineros del *Santa María* se amotinaron, cuando Colón se negó a emprender el regreso, después de consumir la primera mitad de las provisiones, pues ansiaba pisar tierra firme antes de acabar la segunda mitad.

Colón se había embarcado con un objetivo preciso: el de llegar a las Indias, y esto le daba fuerzas para seguir navegando hacia occidente. Se diría que era el único a bordo que creía en la meta que se había trazado, y no temía despeñarse por los bordes de un mundo supuestamente plano, con el resultado por todos conocido.

Aprende de esta historia y pregúntate si persigues cada una de tus metas con escaso entusiasmo, como los marineros del *Santa María*, o con fervor visionario, como Colón. La respuesta te dará la pauta del grado de éxito que podrás alcanzar en el logro de tus propósitos, si es que consigues alguno.

Para concluir, te daré un consejo: no hables con todos acerca de tus grandes metas. Selecciona cuidadosamente las personas a las que les confiarás tus ambiciosos proyectos. ¿Por qué? Porque, lamentablemente, los objetivos de una persona se suelen medir con la vara de su situación actual, por lo cual se desconfía de que los alcance y se lo tacha de soñador o de individuo con manías de grandeza. Esto no te servirá para motivarte y hacerte avanzar en el arduo camino hacia la meta, sino todo lo contrario. Por lo tanto, piensa dos veces a quien confesar tus proyectos, y escoge a aquellos que te proporcionen un apoyo auténtico, alentándote y compartiendo el entusiasmo por tus actividades.

Reflexión N° 4

No te esfuerces por ser mejor que los demás, sino por ser único en lo que haces

¿Te encuentras en el apogeo de tu oficio o profesión? ¿Eres el hacedor indiscutible en tu esfera de acción? ¿Te destacas del montón? ¿O eres uno entre tantos; alguien que se halla en el medio, compitiendo con los demás por un trozo de la torta?

Mi mensaje es el siguiente: no trates de ser mejor que los demás. Esfuérzate, más bien, por ser el único en lo que haces. Ocupa una posición que te asegure un mercado propio. Procura tu propio nicho de acuerdo con tus inclinaciones y aptitudes.

Aquel que sólo hace lo que hacen los demás no podrá recibir más de lo que reciben los demás.

El corolario de esta reflexión sería: *¡No imitar, innovar!* (eslogan de Boss).

¿Pero cómo harás para encontrar tu nicho personal, en el cual puedas ejercer la mayor creatividad posible? Para saberlo, deberás antes tomar conciencia de aquello que te interesa, lo que no te interesa, de tus lados fuertes y tus lados débiles. Sólo cuando hayas reconocido las facetas de tu propia personalidad podrás localizar el espacio en el cual te sea posible obtener éxito. El cuadro I-D-F-D es un instrumento apropiado para proporcionarte un "feedback" (retroalimentación) propio y recomendaciones para tu proceder en el futuro. Tómate tu tiempo y busca tus propios ejemplos para cada uno de los apartados.

Una meta a mediano plazo a la que deberíamos aspirar es: tener la mayor parte de nuestras actividades en la franja superior del cuadro, donde se encuentran los verdaderos intereses, pues la parte inferior, que se refiere a la falta de interés, es la responsable de tu insatisfacción, mal humor y fracaso. Este sector actúa como una valla o bloqueo, que no ofrece espacio para tu libertad personal. Desinterés o falta de interés se traduce al inglés como "lack of interest", significando "lack" deficiencia, carencia. Vale decir que se refiere a una deficiencia de índole mental, deficiencia o carencia de disfrute, interés, diversión, etc. Si las deficiencias son físicas, no nos demoramos en ir al médico. Me pregunto por qué no somos igualmente consecuentes cuando se trata de deficiencias de orden mental.

Como observarás, la franja que abarca tus lados fuertes e intereses conforma el ámbito en el cual, al comprometer todo tu entusiasmo y talento, puedes crear el suelo propicio para una actividad exitosa. Éste es el ámbito en el que deberías pasar la mayor parte de tu vida.

Cuadro I-D-F-D
(intereses, desintereses, lados fuertes y lados débiles)

	esfera de aficiones	*esfera del éxito*
Lo que me interesa	por ejemplo, deportes, actividades de tiempo libre, *hobbies* DISFRUTAR	despliego entusiasmo y talento ACTUAR, REALIZAR
Lo que no me interesa	*esfera de frustración* derroche energía y recursos, es decir, nervios, tiempo y dinero OMITIR/DELEGAR	*esfera de rutina* trabajo para ganar el sustento, vivo como un mercenario económico POSICIONARSE NUEVAMENTE
	Mis debilidades	Mis lados fuertes

El cuadro I-D-F-D sirve como punto de partida adecuado para tomar conciencia de la posición y situación en que uno se halla. Después del autoanálisis, que es útil para responder a las preguntas "¿qué puedo hacer?" (mis lados fuertes) y "¿qué deseo hacer?" (mis intereses), es preciso sopesar los factores externos para responder a la pregunta "¿qué podría hacer?". Estos factores incluyen las necesidades (personales, empresariales), restricciones (legales, financieras), tendencias, etc. (véase el cuadro: *Principio I-D-F-D con inclusión del mundo exterior*).

Al encontrar el punto de intersección en que se localiza tu nicho personal, demostrarás efectividad, pondrás de manifiesto que tienes noción de las acciones correctas que debes realizar (encuentras el camino).

Al aprovechar al máximo tu nicho, sabes actuar correctamente.

Uno de los factores clave que aseguran el éxito personal y la satisfacción interior consiste en detectar nuestras aptitudes más notables, desarrollarlas y, en último término, capitalizar las propias inclinaciones e intereses sin pasar por alto el mundo que nos circunda. Esto vale tanto para nuestra esfera personal como profesional. Al concentrarse en su nicho, el emporio norteamericano *Interstate* se salvó de la bancarrota. En lugar de abarcar una diversidad de rubros, la empresa se centralizó en una sola línea de productos: juguetes. De esta manera, no sólo logró realizar la reconversión, sino que, además, en la actualidad, se ha transformado en una empresa floreciente con representaciones mundiales y una participación de cerca del veinte por ciento en el mercado estadounidense bajo el nombre de *Toys 'R' Us.*

Principio I-D-F-D
con inclusión del mundo exterior

Esfera del éxito
Tu nicho personal

Si trasladamos este ejemplo del mundo de la economía a nuestro mundo privado, en el que, con toda seguridad, disponemos de recursos más limitados, se manifiesta como muy acertada la frase de Niki Lauda: *Hagamos, como enanos, lo que los gigantes no pueden hacer.*

Decídete por la estrategia de los nichos y no ocultes tus aptitudes a los ojos de los demás. Apuesta a tus lados fuertes y verás cuán generosa es la recompensa. Como dijo Benjamín Franklin: *No esconda sus talentos, pues están para ser aprovechados. ¿Por qué habríamos de poner un reloj de sol a la sombra?*

Reflexión Nº 5

El deseo sin disciplina no es un deseo sincero

En los seminarios y reuniones, tengo por costumbre preguntar: "¿Quién de ustedes desearía triunfar?". Todos levantan la mano. A continuación, pregunto: "¿A quién de ustedes le gusta trabajar duro para triunfar?". Unos pocos levantan la mano. Esta actitud de muchos no es un fenómeno exclusivamente alemán o europeo. Podemos considerarla normal en el ser humano, y la observo, una y otra vez, con una sonrisa. He tenido ocasión de enfrentarme con ella durante mis años de estudio en Australia y en mi trabajo como administrador de empresas en América Latina. Sea en el ámbito privado o en el profesional, un enfoque "normal" de este tipo no nos permite lograr más que un éxito "normal", o sea, mediocre. Sé sincero y dime si crees que, aspirando a un éxito mediocre, puede alcanzarse la libertad personal anhelada.

Es indispensable que nuestra búsqueda la emprendamos desde un deseo o un sueño. Por ello, hago hincapié en que ponderes cuidadosamente tus deseos, pues son el punto de partida de tus acciones. No podrás conseguir un triunfo, sin el deseo vehemente de obtenerlo. Por otra parte, el anhelo que no arraiga en la realidad lleva a frustraciones. Más aún, el deseo sin disciplina no es un deseo sincero. Reflexiona: no podemos considerar que nuestro deseo es sincero, si no estamos dispuestos a pagar el precio que requiere satisfacerlo.

¡Cuál es el precio que pagarías para que tu deseo se haga realidad? ¿Cuál es el grado de disciplina que posees ante la tentación de recorrer el camino más fácil de los pretextos, dejando de lado tus metas?

He conocido dos tipos de personas, que podría clasificar de la siguiente manera: la persona del "yo debería" y la del "yo hago". La primera pasa gran parte de su vida cavilando "debería hacer esto y aquello", pero nunca hace nada o, al menos, nada determinante que pueda coadyuvar a mejorar su situación. Piensa en todas las personas de tu círculo de conocidos o colegas que tienen por costumbre postergar las actividades y viven arrepintiéndose de tales postergaciones. Cada vez que se encuentran con alguien dicen: "Pronto empezaré esto o aquello".

En contraposición a esta actitud, las personas del "yo hago" siempre están dispuestas a alcanzar sus objetivos, para luego perseguir nuevos desafíos en forma de nuevos objetivos. Y tú, ¿estás dispuesto a hacer lo mismo? Ten en cuenta que si sigues diciéndote a ti mismo: "debería", "debería", terminarás por llenar la columna del "debe" en el libro contable de tu vida. Desde hoy, dedícate a una actividad que signifique algo importante para ti; que vaya abriendo una brecha en el camino hacia tus metas. Haz un "hoy del mañana"; de ser un "seguidor" pasa a ser un "hacedor"; pon manos a la obra antes de que pase un día más.

No debes creer, empero, que concibo a la disciplina como una panacea que conduce directamente al éxito, como, en ocasiones, se nos quiere hacer creer. La disciplina no es más que una virtud tangencial para lograr éxito en la vida, ya que éste se nutre en lo esencial de una profunda pasión y auténtico entusiasmo. Poco sentido tendría que, en tu trabajo, echaras una ojeada al balance de la semana y te dijeras, disciplinadamente: "Muy bien, hoy es miércoles, son las doce del mediodía, y ya es hora de que elogie a mis colaboradores, que alabe su esfuerzo para que se sientan motivados a dar más".

En tu vida privada, ocurre lo mismo, pues no sería lógico que te propusieras: "Ah, hoy es viernes, y debo llevarle flores y bombones a mi marido (o a mi mujer)".

La disciplina es esencial, por cierto, pero si no va acompañada de pasión y entusiasmo es mejor prescindir de ella. Esto lo percibirás tú mismo, pues las personas que te rodean no tardarán en darse cuenta de que faltan esos ingredientes, lo cual traerá aparejadas reacciones negativas, como la impresión de que no se las toma en serio. Además, la disciplina a secas tampoco te aportará el menor placer.

Reflexión N° 6

¿Conoces tu propia escala de valores?

Hace dos mil años, el oráculo de Delfos advertía: *¡Conócete a ti mismo!* Pero hasta el día de hoy, sólo un número muy reducido de personas dispone de verdadero autoconocimiento.

De ahí mi pregunta: ¿Puedes enumerar al menos cinco valores que son prioritarios para ti? Si no consigues hacerlo, lo más probable es que tu vida se encuentre plagada de dudas. Te resulta difícil tomar decisiones importantes. A menudo, te arrepientes de incluir decisiones que has tomado en el pasado. ¿Por qué? Porque ignoras los criterios y principios personales que te servirían de guía.

Te lo digo por propia experiencia. Al descubrir que el desconocimiento de mi escala de valores me impedía tomar decisiones claras, me propuse indagar sobre los valores que considero esenciales y vivir conforme a ellos. Las diez cualidades que valoro más son: independencia, justicia, salud, amor, protección de la naturaleza, crecimiento, coraje, "hacer el cambio", sentir y hacer sentir pasión y gusto por la vida.

¿Qué es lo que tú más valoras? *Te aseguro que nuestros valores son el hilo conductor de cada una de nuestras decisiones, pues reflejan nuestras conviccio-*

nes y nuestra actitud frente a la vida. Nuestros valores determinan nuestra respuesta a todos los interrogantes en cada circunstancia que nos toca vivir. Si buscas la seguridad y la fuerza, no lo hagas afuera, sino en tu interior. Comienza hoy mismo a averiguar qué es lo sustancial en tu vida. Empieza a enumerar tus valores y a ordenarlos por prioridades. Esto te ayudará a enfrentar cualquier situación y a asumir decisiones personales.

Reflexiona por un momento: ¿por qué son pocas las personas que logran lo que realmente desean y ansían, que arriban a sus metas ambicionadas y realizan sus sueños?

La meta, como puede ser alcanzar la "libertad personal", es la resultante de múltiples procesos previos. Entre otras cosas, que logremos un objetivo depende de las acciones realizadas con anterioridad. Nuestros actos obedecen, a su vez, a las decisiones que tomamos. Las decisiones son la consecuencia lógica de aquello en lo que nos concentramos, determinado por nuestro diálogo interior. Sin cesar nos planteamos preguntas que nos respondemos nosotros mismos. Lo interesante de esto es que el tipo de preguntas define nuestra calidad de vida de acuerdo con el siguiente esquema:

Si nos preguntamos: "¿Lo lograré?", nos ponemos a nosotros mismos en tela de juicio. Pero si nos preguntamos: "¿Cómo lo lograré?", damos por sentado que lo lograremos y nos concentramos en el cómo, en la manera en que lo obtendremos.

El tipo de planteo precisa el objeto en el que nos concentraremos.

Finalmente, propongo el último interrogante de esta reflexión: ¿qué elementos establecen la pregunta que nos hacemos, o sea, el diálogo interior que mantenemos? La respuesta es: nuestra escala de valores. Ésta se encuentra al principio de toda la **cadena causal**, que describo a continuación:

Tu escala de valores definida,
que refleja tus convicciones y tu actitud de vida

⬇ consecuencia ⬇

ordenamiento, priorización de los valores

⬇ consecuencia ⬇

tu diálogo interior,
con preguntas que te formulas tú mismo
y respuestas implícitas

⬇ consecuencia ⬇

focalización y concentración
en determinados aspectos de la vida

⬇ consecuencia ⬇

adopción de decisiones

⬇ consecuencia ⬇

conversión de las decisiones en
hechos y acciones

⬇ consecuencia ⬇

efecto / resultado

Tu escala de valores es la clave que te asegura el logro de las metas que te has propuesto. Si deseas que las consecuencias y los resultados sean otros, deberás reflexionar acerca de los valores que has elegido, pues constituyen el factor desencadenante de todo lo demás.

Tu escala de valores te dice con exactitud cuál es el valor personal que atribuyes a una decisión potencial. Pero antes, es preciso que vivencies tus valores. Puedes estar seguro de que lo demás vendrá a tu encuentro por sí solo. Dedícate a disfrutar de una vida plena de valores. Corporiza estos valores, muévete por el mundo, habla y compórtate conforme a ellos. Mantén tus promesas. No renuncies y deja definitivamente de lado los pretextos.

Reflexión N° 7

Para tener éxito es necesario ser ciego en ocasiones. De esta manera, no veremos todo lo que podría salir mal

He descubierto un fenómeno interesante. De boca de muchas personas emprendedoras, entre ellas varios empresarios, tuve oportunidad de oír palabras como éstas: "Si hubiese sabido de antemano que el camino sería tan arduo, no lo habría emprendido". Dicho de otra manera, fueron tan necios, que no advirtieron las posibles trampas y obstáculos, pese a lo cual siguieron adelante por el camino trazado. Por otra parte, tengo conocidos que son empleados de una empresa y desean fervientemente independizarse y tener la propia. A pesar de su inteligencia y sólidos conocimientos en su especialidad, ven tantas trabas y tienen tantas dudas, que no se animan a independizarse profesionalmente. Por lo tanto, nada hacen para cambiar su realidad, y todo queda como mera expresión de deseos poco auténticos y palabras vacías de contenido.

La razón principal por la cual muchos de nosotros no hacemos lo que realmente desearíamos es que nuestros pensamientos y sentimientos se han transformado en obstáculos internos.

O en palabras de Friedrich Schiller: *Quien reflexiona demasiado poco hará.*

Por eso, opino que, en muchos casos, puede resultar contraproducente detenerse en exceso a planificar o prevenir riesgos, haciendo de potenciales hacedores seres dubitativos. El que está inclinado a ver únicamente los aspectos negativos de un asunto se ciega ante las nuevas oportunidades que se le presentan. Finalmente, preferirá no hacer nada antes que fracasar.

Pero *no somos sólo responsables de lo que hacemos, sino también de lo que omitimos* (Moliere).

Te recomiendo que no te excedas en la crítica cuando te preguntes si tienes suficiente experiencia o conocimientos para desempeñarte en una rama particular. En caso de necesidad, hallarás estas cualidades en otras personas y podrás adquirirlas con el tiempo. Lo que cuenta es tu visión, tu pasión y tu método de solución de problemas. Te hará falta: a) un panorama real de lo que deseas alcanzar; b) mucha pasión en forma de energía y coraje para plasmarla; y c) la capacidad de hacer frente a todo obstáculo, toda resistencia y todo traspié, por grande que sea. Para ello necesitarás de todo menos de inteligencia.

Podemos ilustrar lo dicho recurriendo a un ejemplo del mundo animal. Observemos al abejorro. Este insecto pesa, en promedio, uno, dos gramos, y sus alas tienen un diámetro de siete centímetros cuadrados. La relación entre el peso del cuerpo y la envergadura es tan desfavorable que, desde el punto de vista técnico, vale decir, según las leyes de la aerodinámica, no estaría en condiciones de volar. Pero el abejorro ignora esto y vuela, pese a todo.

Ten en cuenta que el éxito no es una función de la inteligencia, sino casi siempre de la motivación.

¿Con cuánta fuerza sopla el viento bajo tus alas?

Reflexión Nº 8

Un fracaso nos brinda la oportunidad de hacer las cosas mejor la próxima vez
(Henry Ford)

Visita un jardín zoológico o una reserva natural. Observa al león o al leopardo. Te aseguro que jamás encontrarás a uno de estos animales sentado bajo un árbol, quejándose del cansancio. ¿Sabías que el leopardo fracasa nueve de cada diez veces en su intento por atrapar la presa? Imagina lo que sucedería, si el leopardo dijese después de su noveno fracaso: "Creo que me haré vegetariano".

El leopardo sabe que debe seguir adelante hasta asegurarse el alimento y hace todo lo imaginable para alcanzar la meta. Para él, la autocompasión no es una alternativa posible y tampoco lo es para ti. Yo he aprendido una lección valiosa: no hay que resignarse nunca. El triunfo es la resultante de la tenacidad, la determinación y la perseverancia.

¿Eres un leopardo humano? ¿Eres el tipo de persona que no conoce las palabras "no puedo"? ¿O eres de aquellos que prefieren compadecerse a sí mismos?

No es el éxito el que echa a perder al ser humano, sino el fracaso o el temor al fracaso.

El empresario norteamericano Frederick W. Smith, fundador de la exitosa empresa Federal Express, que incrementó enormemente su difusión gracias a la hábil promoción de que fue objeto en la película *Cast Away* (*Náufrago*) con Tom Hanks, afirma: *El fracaso es parte esencial del proceso de renovación. Nunca lograremos un triunfo importante, a menos que estemos dispuestos a hablar de nuestros fracasos.*

Es fundamental que modifiquemos nuestro criterio acerca de lo que significa un fracaso. Acepta y reflexiona a partir de hoy sobre los suyos, pues no son otra cosa que resultados inesperados (cfr. la reflexión N° 16). Un fracaso sincero no debe avergonzarnos, sino hacernos ver que puede significar una oportunidad. ¡No la desaproveches!

Reflexión Nº 9

Nada es malo o bueno en sí; es el pensamiento el que lo hace tal
(William Shakespeare)

¿Alguna vez oíste hablar de Iván Pavlov? Fue el científico que brindó la explicación más cabal al concepto de "condicionamiento".

¿Cómo lo hizo? Alimentó a su perro, el perro pavloviano, de tal manera, que, cada vez que lo hacía, sonaba una campana. Al cabo de cinco semanas, preguntó a su perro si sabía lo que había comido. La respuesta del perro fue: "No, pero, cada vez que oigo la campana, relaciono el sonido con comida". Es decir que, cada vez que oía la campana, el perro se acercaba al comedero, aunque estuviese vacío. Sólo una cosa tenía en la cabeza: que el sonido significaba una suculenta comida.

Ahora te haré la pregunta clave: Cuando la gente oye tu nombre, ¿se pone nerviosa? ¿Lo asocia con algo doloroso, con situaciones difíciles? O peor aún, ¿no despierta tu nombre ninguna reacción?

Retribuye, desde hoy mismo, a las personas que te acompañan y trabajan contigo. Haz que sonrían. Aliéntalos. Sé para ellos una fuente de apoyo, de dicha, de coraje e inspiración. Asegúrate de que la imagen que tengan de ti sea positiva, tanto en lo espiritual como en lo emocional y lo físico. Recuerda que:

> *como persona, tú no eres más que pensamientos en la cabeza de los demás.*

¿Qué pensamiento deseas ser?

Reflexión Nº 10

Nunca aceptes el consejo de una persona que no está en el lugar en el que te gustaría estar

(Bodo Schäfer)

No hay nadie que pueda ofrecer soluciones a todos los problemas. Sé sincero contigo mismo y acepta que nadie puede vivir la vida por ti. Nadie puede ser mejor para ti que tú mismo, pues los "gurúes" no existen.

Todos tenemos la costumbre de colocar a otros sobre un pedestal. Les conferimos tales poderes interiores, que negamos los propios. He podido comprobar que nunca se toman decisiones acertadas, si se sigue el consejo de otra persona a contrapelo de las propias convicciones y criterios.

No hay duda de que es necesario contar con pautas de orientación, modelos y personas de confianza que nos aconsejen. Pero la responsabilidad de nuestra vida y de todo lo que hagamos con ella nos compete sólo a nosotros. Muchas personas que conozco hacen a otros responsables de su desgracia. Dicen: "Hice caso a este o aquel consejo y vea dónde estoy ahora. Todo fue culpa de aquel otro, y yo debo pagar por ello". Lo único que puedo hacer en tal caso es mirarlas con cierta pena y recomendarles que, de una vez por todas, se hagan responsables de sus actos y decisiones.

Supongamos que te compras un barco. Es obvio que no desearás permanecer siempre bajo cubierta en la sala de máquinas, mientras los demás se mantienen sobre el puente y determinan el rumbo, la velocidad y la meta. Lo más probable es que, siendo tu barco, te gustaría estar en el puesto de mando y decidir en qué dirección avanzar. No es sólo tu derecho, sino también tu obligación. Si el barco es tuyo, tú eres el único responsable de él. ¿Por qué entonces no habrías de comportarte de la misma manera con relación a tu vida?

> *La libertad personal también implica dejar de responsabilizar a otros, o aun culparlos, de nuestra situación actual.*

Baja a los demás del pedestal en el que los colocaste. No existen los "gurúes" ni los gigantes autoproclamados. Sin embargo, si alguna vez te parece que te has topado con un prójimo superior a ti, no te dejes cegar por las apariencias. Analiza detenidamente el asunto. En una de esas, no pasa de ser la sombra larga de un enano.

Confía en ti mismo, en tu capacidad de juicio. Asume la responsabilidad total de tus actos, tu vida y tu destino. Más aún, cualquiera sea el lugar que ocupes en este momento, repítete:

> *Soy mi consejero más digno de confianza. Soy el capitán de mi propio barco. Me hago cargo de mi destino. Tomo mis propias decisiones, pues mis decisiones son lo mejor para mí.*

Reflexión N° 11

Realizar ventas exitosas no es un arte, es pura pasión

No nos engañemos: todos estamos involucrados en una especie de negocio de venta, tanto en lo profesional como en lo privado. Tú no sólo deseas que otras personas respeten tu trabajo, sino que, además, sepan apreciar la producción total de éste, es decir, su rendimiento y riqueza. La meta a la que aspiras es conseguir que otras personas compren el producto de tu labor al precio más alto posible.

Con lo que acabo de expresar, te he revelado mi secreto sobre la capacidad competitiva personal. Es sumamente fácil, siempre que uno haya admitido que

vender no es otra cosa que transmitir pasión de una persona a otra.

Mientras comprendas y apliques esta recomendación, serás el mejor vendedor de tu oferta de servicio personal: tu fuerza de trabajo. No te preocupes por trucos ni tecnicismos. Limítate a transmitir tu sincera pasión a los demás.

Nada se vende mejor que la pasión sincera y transparente.

Deja que, en el futuro, tu pasión siga su curso sin obstrucciones. Toma más conciencia del poder y el éxito de venta de ella y permítele que se venda. Pero atención: este consejo sólo surtirá efecto, si realmente te apasiona lo que haces. Si no es así, como sucede en más del setenta por ciento de la población, es hora de que te dispongas a buscar lo que despierte tu pasión. ¿Puedes imaginar que más de dos tercios de la población no estén apasionados por su trabajo? Y esto durante gran parte de su vida. ¡Qué desperdicio!

Aprende de esto, pues precisamente este fenómeno podría convertirse en uno de tus lados fuertes. Considera como una gran oportunidad buscar aquello que despierte tu auténtica pasión. Comienza ya mismo. ¿Qué estás esperando?

Reflexión Nº 12

Cada día es tu vida entera en miniatura

Un estímulo interior que guía mi vida es que me entrego por completo al día de hoy. Vivo para el instante, "carpe diem". Te recomiendo que veas una película que refleja a la perfección esta concepción de vida. Su nombre es *La sociedad de los poetas muertos*.

Mientras redacto estas líneas, disfruto mi actividad segundo a segundo y me pregunto: ¿cómo es posible que tenga la suerte de hacer lo que estoy haciendo? No lo que hice ayer, no lo que eventualmente haré mañana, sino la actividad de este instante.

> *Lo único que lamentarás mañana son las cosas que no has hecho hoy.*

He conocido a mucha gente que se arrepiente de lo que hizo o no hizo en el pasado, y hay personas que esperan ansiosamente el futuro. En mi opinión, no hacen más que desperdiciar sus días, preocupándose por lo que nunca fue y probablemente nunca llegue a ser. Yo también pensaba así, y casi me cuesta la vida. Ahora tengo la certeza de que toda mi existencia se concentra en este día. ¡No dejes que pase sin aprovecharlo! Se trata de "tu" decisión, y todo dependerá de lo que realices en "este" instante, pues ya estás determinando tu futuro con tu acción o inacción de hoy. Una de las cualidades más desastrosas de la naturaleza humana es la propensión a postergar. Seguramente, conocerás la frase: "Cuando tenga veinte años, por fin podré...".

Apenas alcanzamos tal edad decimos: "Cuando tenga un buen empleo y gane bastante dinero, por fin podré...".

Una vez que lo logramos, anunciamos: "Cuando tenga una familia, por fin podré...".

Cuando tenemos la familia esperada, proferimos: "Cuando los chicos hayan crecido, por fin podré...".

Llegado el momento, diremos: "Cuando me jubile, podré hacer todo lo que he ido postergando durante mi vida".

¿No te parece que este enfoque es trágico, tan trágico, que te hace desear hacer las cosas de otra manera para que no te suceda esto a ti?

Lo único que poseemos con seguridad y en lo que podemos influir activamente es el momento presente. Nunca pierdas de vista que cada día representa una ocasión para la aventura o para una experiencia maravillosa. Cada día te ofrece la oportunidad de inspirar a otra persona y aprender algo nuevo.

Que tu vida se vuelva dichosa y plena sólo depende de lo que hagas en las próximas veinticuatro horas. Todo lo que realices hoy cuenta; el día de ayer no es más que una película de video en tu cerebro, y el de mañana una mera suposición, pero el presente es un regalo, un verdadero "presente".

Reflexión Nº 13

Lo mejor del futuro es que un día sucede al otro

En los últimos años, tuve ocasión de establecer contacto con muchas personas cuya mayor preocupación era el futuro. Si eres como ellas, es probable que te preocupes por tus ingresos, tu carrera, la criminalidad, la educación de los niños, la inflación, el dólar o la cotización de tus acciones en la bolsa.

Conozco a algunas personas que se obsesionan a tal punto por el futuro, que llegan a enfermarse. Se imaginan que se les vienen encima años plagados de problemas y traumas. Esto los pone en tal estado de desesperación, que casi los paraliza.

El mensaje que deseo transmitir en esta reflexión es el siguiente:

> *Lo mejor que tiene el futuro es que se hace presente día a día. Si bien es preciso que no nos desentendamos de él, no debemos preocuparnos por un futuro distante y remoto.*

Concéntrate en lo que harás en las próximas horas y avanza paso a paso.

Tú estás leyendo algunos episodios de la experiencia de un hombre que, durante años, vivió dudando del sentido de la vida y abrumado por temores acerca del futuro. Mis pensamientos giraban en torno a lo que haría en los próximos treinta años, lo cual me provocaba profunda inseguridad. El miedo a cometer un error irreversible al elegir mis estudios, mi profesión, mi lugar de residencia, etc., encauzándome por un camino que no pudiese desandar, me llevó a un estado de parálisis en el que vegetaba, era víctima de taquicardia, sudoración y dolores de vientre. Cuanto más pensaba en el futuro, más afectaba mi salud.

Las alternativas que se me ofrecían eran, o bien seguir lamentándome de mi destino, o comenzar a actuar. Después de un largo período que viví compadeciéndome de mí mismo, me dije un buen día: "¡Basta ya, Ulrich! Las cosas no podrían andar peor. Tu autocompasión no es más que un pretexto egoísta para no asumir responsabilidades. Levanta de una vez la sucia alfombra debajo de la cual barriste tus mentiras acerca de la vida. Muévete y haz algo. Da lo mejor de ti en el tiempo que te fue concedido", pues sabía muy bien que no lo estaba haciendo ni había procurado hacerlo.

Cualquiera que se halle en situación semejante afirmará que es más fácil decir que hacer. ¿Qué podía yo hacer de mi vida y cómo hacerlo? De a poco, procuré descubrirlo, formulándome, una y otra vez, la misma pregunta: "¿Qué deseas, en verdad (cuál es tu meta) y cómo llegas allí (qué medidas debes tomar)?". Empecé a analizar mis lados fuertes y débiles, y a plantearme metas concretas. Después de alcanzar la primera, me fijé otra, más ambiciosa, luego, otra más difícil aún, y así sucesivamente. Desde que logré este cambio de rumbo personal que reorientó mi vida, saludo cada nuevo día con el mismo lema, esperando con alegría las sorpresas que me deparará:

Inicia cada día como una nueva vida y date la oportunidad de ser el mejor de tu existencia.

Reflexión N° 14

La vida es demasiado seria como para tomarla en serio. ¡En serio lo digo!

Opino que tenemos la culpa de muchos de nuestros problemas, pues tomamos muchas cosas demasiado en serio, incluyéndonos a nosotros mismos. Pregúntate si últimamente no te has molestado con alguien por una pequeñez; si no has perdido la paciencia con alguien, haciéndote luego reproches por tu comportamiento; si has fastidiado a otros porque no estaban de acuerdo contigo... ¿Cómo te sientes si te permites cegar por tus prejuicios?

Es probable que, alguna vez, alguien te haya sugerido: "No te lo tomes tan a pecho, en una semana o en un mes, tú mismo te reirás de esto". Pues bien, ¿para qué esperar? Ríete ya del asunto. La sonrisa es una línea torcida que endereza las situaciones. He aprendido que prácticamente cualquier situación da motivos para sonreír, si la contemplamos desde una perspectiva diferente. Cuando lo descubras, te sentirás lleno de esperanza, oportunidades y alegría.

¿Por qué crees que los ángeles pueden volar? Por el hecho de que se toman la vida con mayor liviandad. También tú deberías tomarte la vida más a la ligera. Encuentra pretextos para sonreír, cantar o bailar.

Reflexión N° 15

Nos transformamos en lo que estamos convencidos de que somos

A mi juicio, la muerte no es la peor tragedia de la vida. La peor tragedia es morir en vida. He encontrado a muchas personas que parecen muertas, aunque pasarán cuarenta años antes de que las entierren.

El principal motivo que lleva a la muerte interior de un ser humano es el menosprecio de las propias capacidades. El que cree en el cúmulo de calumnias que ha oído durante toda su vida concernientes a su persona se llenará de amargura, en lugar de intentar mejorar su propio yo y su mundo circundante. Si hay algo de lo que estoy totalmente seguro es que nos transformamos en lo que estamos convencidos de que somos. Si estamos convencidos de que no nacimos para realizar grandes cosas, es probable que vegetemos sin salir jamás de la mediocridad. Si creemos firmemente que somos los mejores dentro de lo nuestro, haremos todo lo posible para mostrar al mundo de lo que somos capaces y nos desenvolveremos hasta ser, en efecto, los mejores en nuestro radio de acción.

El filósofo Séneca dijo: *Es más importante lo que tú piensas de ti mismo que lo que los demás piensan.* Personalmente, soy indiferente a lo que los demás piensan o dicen de mí. Soy como deseo ser: espontáneo, jovial, curioso, capaz de entusiasmarme, observador, emprendedor y aventurero.

¿Qué piensas acerca de ti mismo? Elabora hoy cinco conceptos positivos sobre tu persona. Por comunes que sean, las cualidades que escojas te servirán de orientación; serán un reflejo sintético de tu carácter. Comienza a valorar tus virtudes conscientemente y disfruta observándote mientras lo haces, descubriéndolas, día a día, como capacidades personales y poniéndolas a prueba en cada situación que se te presenta.

Reflexión Nº 16

Los fracasos no existen, tan sólo existen los resultados inesperados

Tienes entre tus manos el libro escrito por un hombre que no ha fracasado ni una sola vez en los últimos años. Imagino lo que estarás pensando: "No sé si es provocativo, arrogante o simplemente tonto". Es posible que, de buenas a primeras, lo dicho suene arrogante, pero se debe únicamente a que a veces logro resultados que no había esperado. La palabra "fracaso" no significa para mí otra cosa que no sea "el primer paso en el aprendizaje".

Te haré esta pregunta: ¿Emprenderías algo si supieses que nada puede salir mal? ¿Transcurre tu vida en la mediocridad sólo porque no deseas correr el riesgo de fracasar? ¿Cómo te sientes al no hacer lo que deberías hacer? En los últimos diez años, he mantenido innumerables conversaciones con personas de diversas partes del mundo y pude comprobar que el miedo al fracaso es el obstáculo que conspira en mayor medida contra una vida plena. ¡Qué desperdicio de energía y potencial!

Contemplemos ahora el problema del fracaso desde una óptica diferente. Sé muy bien lo difícil que es cambiar el enfoque habitual, pero vale la pena tener en cuenta que no sólo existen los polos extremos de fracaso y éxito, pérdida y ganancia. Entre ambos, se extiende un amplio campo en el que desarrollamos la mayor parte de nuestras actividades. Es, por decirlo así, la tercera cara de la medalla, la zona gris en la que observamos, aprendemos y recogemos experiencia. La forma en que aprovechemos esta zona gris de transición decidirá hacia qué polo tenderán nuestras futuras actividades, hacia el de la pérdida o el de la ganancia.

> *Todas las cosas de la vida tienen dos caras, pero sólo cuando descubrimos que son tres podremos captarlas en toda su alcance* (Heimito von Doderer).

Haz la prueba y toma conciencia de lo positivo que resulta enfocar la realidad desde este punto de vista. Por lo tanto, si quieres iniciar algo nuevo y explorar valientemente nuevas sendas, sea en el campo profesional o personal, prepárate para un resultado inesperado. Es algo que siempre deberíamos esperar. Sólo el que está preparado para un fracaso podrá, a la larga, triunfar. El éxito que se alcanza después de varios intentos fallidos es uno de los placeres más grandes que conozco.

Disponte y propónete que, en la próxima situación que tengas que enfrentar, te sobrepondrás a tus inhibiciones internas, a tus tensas reservas mentales y, antes que adoptar una actitud pasiva, llevarás a cabo aquello que anhelabas:

Nunca he fracasado porque nunca intenté nada en lo que pudiese fracasar.

Pues, ¿cómo podremos averiguar hasta dónde podemos llegar, si nunca hacemos el intento? Procuro constantemente llegar lo más lejos posible y, en cada intento, achico la barrera, el umbral del miedo ante lo nuevo.

Reconoce, a partir de hoy, que

sólo fracasamos cuando renunciamos.

Reflexión N° 17

No permitas que las palabras de otros te quiten fuerzas

En segundo lugar después del temor al fracaso, se ubica el temor a ser rechazado. Por cierto, para muchos el rechazo es una forma de fracaso. Analiza si es también tu caso.

Permíteme que te haga las siguientes preguntas: ¿Cuántas veces has buscado y creído encontrar un significado negativo en las palabras de otra persona? ¿Cuántas veces te enojaste en respuesta al enojo de otro? ¿Cuán a menudo permites que lo que otros dicen te quite fuerzas?

La verdad es que la mayoría de las personas se ofende, se siente mortificada o humillada con gran facilidad. En mi opinión, por lo general, sucede de manera precipitada e injustificada, pues creemos percibir rechazo allí donde objetivamente no existe. Estos malentendidos suelen provenir de distorsiones en la comunicación entre el emisor y el receptor, como lo ilustra el siguiente cuadro.

DISTORSIONES EN LA COMUNICACIÓN VERBAL
(Modelo inspirado en la presentación de la Academia de Controladores de *Gauting*, Seminario de nivel III)

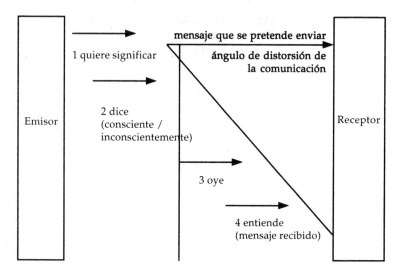

Recomiendo que cuando la recepción de las palabras de otro te produce un repentino cambio en el nivel de adrenalina, tengas presente el ángulo de distorsión potencial de la comunicación. Antes de reaccionar ante ellas, sería aconsejable dilucidar el mensaje que el interlocutor pretendía emitir, con la mayor ecuanimidad posible. Merece la pena analizar cuidadosamente las aseveraciones de los demás, particularmente aquellas que todos creen entender.

No le busques cinco patas al gato ni pienses que lo que otros dicen necesariamente tiene una connotación negativa.

La próxima vez que sientas una punzada debido a una interpretación de este tipo, intenta transformarte en un paquidermo humano. Llamamos paquidermos a los elefantes pues poseen una piel gruesa, muy gruesa, y no hay punzadura que los saque de su ritmo.

En otras palabras: conserva tu ritmo habitual, tu paz interior y tu irradiación positiva y no permitas que el discurso o los actos de otras personas alteren tu ritmo.

Para redondear el tema, traigo a colación algunos ejemplos jocosos que pondrán de relieve el grado de distorsión que puede originarse entre lo que realmente sucede y su explicación.

El hecho real es que **una gallina atraviesa la calle**. Algunas de las explicaciones que darían cuenta de *por qué sucedió esto* podrían ser las siguientes:

- MAESTRA DE JARDÍN DE INFANTES:
  Para llegar al otro lado de la calle.

- ARISTÓTELES:
  Está en la naturaleza de las gallinas cruzar las calles.

- CARLOS MARX:
  Era una necesidad histórica.

- CAPITÁN JAMES T. KIRK:
  Para ir a donde ninguna otra gallina ha ido anteriormente.

- HIPÓCRATES:
  Por pereza del páncreas.

- SIGMUND FREUD:
  La preocupación que usted pone de manifiesto con respecto al hecho de que la gallina cruzó la calle revela su inseguridad sexual inconsciente.

- RALPH WALDO EMERSON:
  La gallina no atravesó la calle, la trascendió.
- ERNEST HEMINGWAY:
  Para morir. En la lluvia.
- DARWIN
  A lo largo de un prolongado período de tiempo, la naturaleza ha ido seleccionando a las gallinas de tal modo, que, en la actualidad, están preparadas genéticamente para atravesar las calles.
- ALBERT EINSTEIN
  Que la gallina haya atravesado la calle o la calle se haya movido debajo de la gallina depende del marco de referencia que usted tenga.

Reflexión N° 18
El pesimista ve un problema en toda oportunidad que se le presenta; el optimista ve una oportunidad en todo problema que se le presenta
(Winston Churchill)

¿Desearías saber cuál es la diferencia más notoria entre un optimista y un pesimista? La significación que cada uno da a lo que acontece en él mismo y en su alrededor. El optimista busca y encuentra razones para alegrarse, en tanto que el pesimista busca y halla indicios que le advierten que se avecina algún desastre sobre él y los que lo rodean. El pesimista podrá encontrar un pelo en cualquier sopa, porque se sentará delante de ella y sacudirá la cabeza hasta que alguno caiga adentro.

En el diccionario *Webster*, leemos esta definición espectacular del pesimista: *Es alguien que espera que las cosas salgan mal, aunque es muy probable que salgan bien.* Por el contrario, define al optimista como a alguien *que predice que el resultado será favorable.*

El meollo de la cuestión es que la medida de tu felicidad depende del significado que le des a los acontecimientos. Si evalúas negativamente el contexto que te circunda, te sentirás desdichado, ansioso y frustrado. Si ves el lado positivo de los acontecimientos y las posibilidades que se derivan de ellos, estarás más satisfecho, más activo, más lleno de energía. Te recomiendo que, a partir de hoy, busques el lado positivo de lo que sucede en tu entorno. Si logras transformarte en un optimista imbatible, notarás, en poco tiempo, cuán apasionante es adoptar un ángulo de visión diferente, que consiste en hallar con ahínco el significado positivo de las cosas, aun de las más cotidianas. Y recuerda que,

en la vida, nada tiene un significado más allá del que tú le das.

Es posible que, más de una vez, hayas observado o experimentado que la gran mayoría de las cosas depende del enfoque que le demos. Debemos tomar conciencia precisamente del efecto de este enfoque, pues es uno de los instrumentos más poderosos que poseemos y, por añadidura, gratuito.

Cuantos más años vivo más reconozco el efecto del enfoque sobre mi vida.
Yo creo que el enfoque es más importante que los hechos en sí.
Es más importante que el pasado, que la educación, que el dinero, que las circunstancias, que los éxitos, que lo que otras personas puedan pensar o decir.
Es más importante que la apariencia externa, que las aptitudes, que el talento.
Es determinante en cuanto a la prosperidad o la ruina de una empresa, una iglesia o un hogar.

Lo fascinante es que cada día tenemos la libertad de elegir qué enfoque daremos a lo que nos sucede.
No podemos modificar nuestro pasado...
No podemos modificar el hecho de que las personas se comporten de cierta manera.
No podemos modificar lo inevitable.
Lo único que podemos hacer es jugar en el bando propio, y este bando es el de nuestra forma personal de enfocar las cosas.
Estoy convencido de que la vida consiste en un diez por ciento en lo que me acontece y en un noventa por ciento en mi reacción frente a ello.
Lo mismo vale para ti ...
Somos responsables de nuestro enfoque del mundo

(CHARLES SWINDOLL).

Reflexión N° 19

La vida no es algo que te sucede a ti. Es algo que tú haces que te suceda. La vida es una decisión. Tómala

Hay un fenómeno psicológico muy conocido que podríamos llamar "impotencia adquirida". Se presenta cuando creemos que nada de lo que podemos hacer servirá de algo. Cuando creemos no tener control sobre los acontecimientos, lo cual nos transforma en víctimas de todo y de todos. A menudo, utilizamos la frase "es imposible" o "no puedo hacerlo" como un pretexto que justifique nuestra inacción. Cuántas veces habrá oído decir a una persona: "De nada sirve, no funcionará" o "ellos nunca lo aceptarán".

Es posible que no lo hagas conscientemente, pero, al adoptar tal actitud, estás eligiendo convertirte en un ser desvalido e impotente. Ni tú ni yo deberíamos pagar el precio de la duda. La duda es como el gusano de la madera, que va carcomiendo de adentro hacia afuera. Más aún, *dudar de uno mismo es como emitir un olor que mantiene alejadas a las demás personas.*

Detente un momento a pensar qué personas de tu entorno dan esta imagen desvalida a través de expresiones como las mencionadas. Supongo que se trata de seres que no se encuentran ni satisfechos, ni felices, ni exitosos.

Por otra parte, hay personas que siempre utilizan la frase: "Todo es posible", que simboliza una actitud de vida diametralmente opuesta. Durante la etapa de mi vida que viví sumido en dudas, me transformé en víctima de mí mismo. En efecto, uno de los rasgos distintivos del pensamiento destructivo es que priva al ser humano de toda iniciativa y poder personal. Como no atinaba a hacer nada para evitarlo y me limitaba a esperar lo que habría de suceder a continuación, estaba tomando la decisión de arruinar mi vida. Y fue exactamente éste el curso que adquirió mi existencia. No ignoro hoy que hay cosas que están más allá de nuestra capacidad de modificar, que ninguno de nosotros puede controlar. También aprendí que puedo incidir en mi mundo más próximo y que sólo yo estoy a cargo del timón y determino el rumbo de mi vida.

El que no vive es vivido por los demás.

Recuerda, pues, que la vida es una decisión. Tómala, avanzando con pequeños pasos, que irás alargando gradualmente hasta convertirlos en saltos.

Reflexión N° 20

La vida siempre te dará una segunda oportunidad, una tercera, una cuarta, etc.

Soy el ejemplo viviente de que no existen errores definitivos. No hay en la vida un "es demasiado tarde" o "eres viejo" o "no hay esperanzas". No hay situación desesperante, sino personas que abandonan toda esperanza en determinada situación. Lo sé porque me ha sucedido. Me sentía perdido y aislado al máximo. Durante los años en que dudaba de que la vida tuviese sentido, me limitaba a esperar sucesos negativos, y eso era lo que la vida me ofrecía.

Por ello, insisto en que no abandones, que no juegues el tonto papel de víctima. Pon fin definitivamente a este sentimiento de compasión contigo mismo. La vida te brindará las oportunidades que necesitas. No sabrás cuándo ni dónde, por eso debes estar siempre atento. Pero es preciso que creas en ellas y des el primer paso, luego el segundo, y el tercero...

Durante mi estadía laboral en Chile y Ecuador, adopté la siguiente filosofía, en momentos en que los proyectos eran particularmente difíciles y desgastaban mi energía y mi sistema nervioso: cuando se cierra la puerta que va hacia una solución, se abre otra o, a veces, más de una. Cierto es que, a menudo, nos quedamos mirando fijamente la que se ha cerrado, a tal punto, que nos pasan inadvertidas las que se han abierto. A posteriori, reconocemos que, en el fragor de la lucha, hemos quedado atascados y que es hora de cambiar el enfoque y abstraernos más del problema, tomando cierta distancia de él, ya que

> *para ver con claridad, con frecuencia basta cambiar la dirección de la mirada* (Antoine de Saint-Exupéry).

En la práctica, pude poner a prueba, junto con mis compañeros, el buen funcionamiento de este método que, una y otra vez, nos llenaba de sorpresa y entusiasmo. De más está decir que su éxito no se reduce a los problemas profesionales vinculados a una empresa, sino que se extiende a todos los ámbitos de la vida.

> *No pierdas el tren de la vida, quedando paralizado frente a las puertas que se han cerrado, quizás, hace mucho tiempo. Amplía tu horizonte visual y tu enfoque de la situación, para visualizar nuevas puertas, que acaso se vean un poco diferentes, pero pueden ser más grandes que las que se han cerrado.*

Nunca se sabe. Tal vez mañana mismo, se te abra una nueva puerta. Mantente alerta.

Reflexión Nº 21

La facultad de ideación es más importante que el conocimiento en sí, pues idear es lo que hacemos a partir del conocimiento
(Albert Einstein)

Si soñar es la forma de mantener vivo nuestro espíritu, el poder de ideación es la garantía de que nuestros deseos se harán realidad. El diccionario *Webster* define el poder de ideación como *la capacidad de combinar experiencias de modo que surjan representaciones dirigidas a un objetivo determinado.* Otra acepción del poder de ideación es "visualización". Los mejores atletas utilizan su poder de visualización para alcanzar la meta pretendida. Consiste en proyectar el resultado esperado antes de que se produzca. Es como si estuviésemos mirando nuestra propia película y su final feliz antes de que suceda.

Aprende, pues, de los atletas de primera línea. ¿Qué tienes para perder? Comienza hoy mismo a visualizar el resultado diez minutos antes de una conferencia, visita o sesión importante. Imagina los detalles. En tu fantasía, puedes ser y hacer lo que deseas. Puedes brillar e impresionar a los asistentes. Luego, hazlo realidad. Procura:

1) Presentarte tan seguro de sí y digno como te viste en tu imaginación,
2) aplicar el lenguaje y los argumentos que empleaste con éxito en tu fantasía,
3) dirigirte con clara conciencia de la meta hacia el resultado que imaginaste exitoso.

Sé lo que estás pensando: poco le cuesta a Kohlmeier escribir esto, y suena fácil, pero es sumamente difícil traducirlo en hechos. ¡Error! No es difícil, pero lleva tiempo. Hay dos caminos para aprender a proceder de este modo: el primero es el método clásico, que consiste en leer y estudiar gran cantidad de libros relacionados con el tema "el poder de ideación y visualización". Esto te llenará la cabeza de argumentaciones teóricas, y correrás el riesgo de pretender solucionar un problema relativamente sencillo de manera complicada.

Más conveniente me parece el segundo método, que es la alternativa pragmática y más rápida. Ensaya los tres pasos que detallé arriba, a sabiendas de que la primera vez, probablemente, no utilizarás más de un diez por ciento de tu poder de ideación en la discusión o el diálogo. La segunda vez es posible que te sirvas de un veinte por ciento; y, así, irás mejorando paulatinamente tu rendimiento y desempeño. Sólo tú determinarás el ritmo con que avanzarás. Para ello no contamos más que con una receta: ¡anímate!

No podemos descubrir nuevos caminos, si no tenemos suficiente valor como para abandonar los viejos.

Y no te olvides de disfrutar y festejar cada triunfo, que no es otra cosa que la confirmación de que tu modo de proceder ha sido el adecuado.

Reflexión N° 22

Lo que vale la pena hacer vale la pena hacerlo bien
(Lord Stanhope Chesterfield)

¿Alguna vez en la vida te has dicho: "Éste no es mi día"? ¿Alguna vez trabajaste de tal modo, que no satisfacía tus propias exigencias? ¿Tus obligaciones son objeto de grandes oscilaciones? Si la respuesta es "sí", debes poner manos a la obra para superarlas, pues otro rasgo característico del triunfador es su absoluta constancia en lo que hace.

Ni tú ni yo estamos en condiciones de pagar el precio de la falta de constancia en lo que hacemos. No podemos permitirnos ser inestables. Debemos sacar del medio los pretextos. Debemos alcanzar el rendimiento máximo y convencer a los demás de la calidad de cada una de nuestras jugadas. Cuando una empresa me emplea para un trabajo determinado, se sobreentiende que espera que dé todo de mí, que haga el máximo esfuerzo para lograr el mejor resultado posible.

> *Cualquiera puede hacer una jugada excelente, pero únicamente los triunfadores reciben una distinción en el juego.*

Ten en cuenta que en el mercado libre –de trabajo, de bienes o de dinero–, no hay misericordia. El mercado en el que nos presentamos como oferente o demandante es inclemente y no le importan nuestros problemas. Espera que entreguemos nuestros productos o nuestro desempeño laboral con una calidad invariablemente óptima. Recompensa a la persona que posee la mayor perseverancia. Reflexiona sobre esto antes de fijar y exigir un precio determinado por lo que brindas.

Reflexión N° 23

Nunca se logró nada grande sin entusiasmo
(Ralph Waldo Emerson)

¿Alguna vez te has observado a ti mismo cuando algo te entusiasmaba? ¿Has notado cuán claro y fácil se te presentaba todo? ¿Tomaste conciencia de la energía que tenías? ¿Observaste cómo todo parecía andar sobre rieles? ¿Te llamó la atención cómo atraías a las personas?

En cuanto a mí, pude experimentar que el entusiasmo es como una poción mágica.

La manera natural de obtener el máximo rendimiento es siendo capaz de entusiasmarse.

El entusiasmo es como la corriente eléctrica. Sin ella casi nada funciona, al menos no lo hace a largo plazo. Tuve la suerte de aprender a transformar todo mi entusiasmo en irradiación. Supongo que usted se preguntará cómo se hace y es a lo que me referiré a continuación.

Algunas personas se entusiasman fácilmente con nuevas ideas y proyectos, actividades programadas y demás. Pero si te detienes a observar a los individuos que te rodean, notarás que, lamentablemente, son pocos los que tienen una capacidad de entusiasmo natural y espontáneo. También habrás notado que estas personas suelen tener éxito en lo que hacen. No conozco una historia de éxitos que no conlleve una buena dosis de entusiasmo, comenzando por el sueño, pasando por la idea concreta y consumándose en la acción.

> *El entusiasmo es el suelo nutricio en el que florece toda acción consecuente y sostenida. El que no siente entusiasmo tampoco podrá transmitirlo a los demás.*

Aun así, no permitas que te invada el pánico, en caso de pertenecer a la categoría de personas a las que les resulta difícil dejarse arrastrar por el entusiasmo. Te mostraré una manera posible de generar un efecto de entusiasmo, que consiste en apoyar activamente tu "encendido inicial":

> Primero, debes actuar como si realmente estuvieses entusiasmado. Habla y camina con entusiasmo, ríe y sonríe, muéstrate orgulloso de lo que has hecho y de lo que harás en el futuro para alcanzar los objetivos propuestos.

> Segundo, concéntrate en lo que despierta tu entusiasmo, en todo lo que te haga sentir feliz, eufórico, realizado y entusiasta. Te sorprenderás de ver que, al poco tiempo, habrás incorporado estos sentimientos y que, además, tienes un intenso poder de irradiación sobre los demás.

Por otra parte, el entusiasmo genuino y natural también es un parámetro transparente que te indicará si estás bien encaminado en la actividad que te ocupa en ese momento.

Lo más hermoso, lo mejor que puedes obtener en tu vida depende de tu capacidad de sentir entusiasmo por las cosas, pues éste es el grado más elevado de motivación.

Una chispa de entusiasmo que salte sobre otros vuelve al emisor multiplicada por mil.

Reflexión N° 24

La vida no recompensa los comienzos; únicamente la perseverancia
(Catalina de Siena)

Lo que voy a transmitirles a continuación se me ocurrió en junio de 2000, mientras se realizaba el campeonato por la Copa Europea de Fútbol. Por primera vez, en la historia del fútbol, aquella tarde, Portugal le ganó a Inglaterra, por tres goles a dos, pese a que Inglaterra les llevaba una ventaja de dos a cero. El equipo del pequeño país de la Península Ibérica finalizó el partido de manera cabalmente profesional, en mejores condiciones y con la moral más alta que el equipo inglés.

Como verás, no es importante cómo iniciamos el juego, sino cómo lo llevamos adelante y concluimos. Es frecuente encontrarse con personas que inician el juego con gran pasión, energía y empeño, pero se cansan cuando el partido se pone más difícil. Quedan sin aliento y terminan en la agonía, más cerca del llanto que del festejo.

Tan fácil es doblegarse ante la debilidad y abandonarse al sufrimiento. Es en el momento en que el cuerpo empieza a claudicar que el espíritu necesita un refuerzo de energía. En toda actividad, hay un punto determinado, sea de índole física, espiritual o comercial, a partir del cual se vuelve decisiva la ventaja competitiva dispuesta por la capacidad de mantener en pie la potencia espiritual.

Sin duda, estarás familiarizado con algunas situaciones y actividades que se emprendieron con ímpetu y euforia. Luego, a medida que el camino se volvía más pedregoso y la energía invertida no parecía traducirse en éxitos palpables, la perseverancia y el tesón debieron someterse a una dura prueba. Por cierto, el fenómeno de la perseverancia y del "no desistir jamás" ya ocupaba la atención de la humanidad hace más de dos mil quinientos años.

Dos ranas saltaron dentro de una tinaja llena de leche y se despacharon a gusto. Pero cuando quisieron subir a la superficie no pudieron hacerlo, porque las paredes eran muy lisas. Resbalaban una y otra vez. De nada les sirvió patalear y patalear. Finalmente, una abandonó la lucha y se ahogó. La otra siguió pataleando hasta que pudo sentir los primeros pedazos sólidos de manteca bajo sus patas. Con las últimas fuerzas se empinó y logró salir del recipiente hacia la libertad.

Esta fábula de Esopo (fabulista griego) ilustra lo que he expuesto con gran agudeza:

> *En el recorrido hacia la meta, la falta de perseverancia y la escasa capacidad de resistencia constituyen algunos de los obstáculos más grandes y frecuentes que frenan nuestro avance y, en último término, nos impiden cumplir con nuestro objetivo.*

Recuerda esto: *Hay más personas que se rinden que personas que fracasan* (Henry Ford).

La próxima vez que estés a punto de desistir antes de finalizar un partido, una negociación prolongada y dificultosa o un trabajo arduo, ten en cuenta que depende de ti que abandones la arena con la cabeza gacha o sigas luchando hasta que suene la pitada final. Fortalece tus músculos psíquicos aprendiendo a prolongar tu resistencia en la carrera.

Reflexión Nº 25

Sin nuestros errores no somos absolutamente nada
(Arthur Miller)

¿Sabías que aprendemos más de nuestros errores que de nuestros aciertos? Conozco a muchas personas que vivieron gran parte de sus vidas obnubiladas, pero, en un momento dado, salieron del sopor y ensayaron algo nuevo. No me refiero a las que estuvieron frenadas en su dinamismo por carecer de tiempo o medios económicos, sino a aquellas que, a causa de una actitud de vida excesivamente cauta, vivieron durante años como adormiladas. Son las que, presas en las redes de su rígida rutina, reniegan de toda nueva experiencia por temor a cometer errores.

Esta gente se encuentra en la parte inferior de la escala, en el peldaño más bajo, aferrándose al "status quo" alcanzado. No puede moverse de allí y se limita a tratar de conservar su posición. No se atreve a dar el salto que le permita llegar a la escala vecina, un poco más alta, donde obtendría un nivel superior de satisfacción y éxito. ¿Por qué no se atreve? Porque nunca aprendió a saltar. Jamás hizo la experiencia de despegar a la vez ambas piernas del suelo. Pero no es posible dar un gran salto, si uno no está dispuesto a abandonar el suelo que nos sustenta.

Mi mensaje es el siguiente: anímate a saltar; declárate dispuesto a arriesgarte y cometer errores.

El único error verdadero es el error del que no extraemos enseñanzas para el futuro.

He cometido tantos errores, que sólo pensar en ellos me da palpitaciones. Esto se debe a que he emprendido e intentado muchas cosas. Si revisas, de manera continua, tus errores y los analizas para sacar nuevas conclusiones, es seguro que tus éxitos los superarán. En efecto, mis fallas me han hecho más fuerte, más sensato y más exitoso.

Al amplio espectro de errores pertenecen, asimismo, las apreciaciones erróneas. Los siguientes ejemplos del *Harvard Business Manager* demuestran, de modo elocuente, que las apreciaciones erróneas, particularmente de expertos de renombre, también son expresión de la dinámica de cambio:

- En un estudio realizado por *Motores Daimler*, en el año 1901, Gottlieb Daimler opina: *La demanda mundial de automóviles no superará el millón, tan sólo por la escasez de choferes disponibles.*
  El parque actual de automotores se calcula en alrededor de seiscientos millones.

- Wilbur Wright, que, junto con su hermano Orville, fue el pionero de la aviación más importante de todos los tiempos, opinaba en 1901: *El ser humano no logrará elevarse en el aire con un avión de metal en los próximos cincuenta años.*
  El 17 de diciembre de 1903, los hermanos Wright lograron realizar el primer vuelo a motor.

- Albert Einstein, quien sentó las bases de la Teoría de la Relatividad, afirmó en 1932: *No existe el*

menor indicio de que alguna vez podamos desarrollar energía atómica.
Quince años después, cayó la bomba atómica sobre Hiroshima.

- Thomas J. Watson, presidente del Consejo de Administración de IBM, afirmó en 1943: *Creo que el mercado mundial tiene espacio para cinco computadoras, no más.*
Hoy se venden más computadoras que automóviles.

- El semanario *Business Week* publica en 1968: *La industria automovilística japonesa no logrará obtener una participación significativa en el mercado norteamericano.*
En la actualidad, los tres principales importadores de automóviles, en los Estados Unidos, son *Honda, Toyota* y *Nissan*.

- Ken Olsen, siendo presidente del Consejo de Administración de *Digital* Equipment (DEC), opinaba en 1977: *No veo razón por la cual el individuo aislado tenga que poseer una computadora.*
Diecisiete años más tarde, se vendieron noventa millones de computadoras en todo el mundo.

- Jimmy Carter, presidente norteamericano, afirmó en 1988: *Gorbachov continuará como Secretario General del Partido Comunista de la URSS por muchos años más, tal vez, hasta comienzos del siglo venidero.*
Tres años más tarde, en 1991, se disolvió la Unión Soviética, y Gorbachov abandonó la escena política.

- En 1997, la ONU publicó lo siguiente en su boletín: *Las proyecciones de las que disponemos muestran un crecimiento saludable de los países del sudeste asiático hasta entrado el siglo XXI.* Luego de pocos meses, la economía del sudeste asiático experimentó lo que actualmente se considera la crisis más grave y prolongada que jamás soportara esa región.

Reflexión N° 26

El principio de la naturaleza: Las deficiencias son perfecciones, y nada es justo, sino que se encuentra en equilibrio

¿Has visitado, alguna vez, lugares recónditos de la naturaleza, como las fantásticas regiones naturales de Alemania? O, aun más, ¿te has internado en la selva africana o en la región amazónica de América Latina? Trata de responderme a esto: ¿Has descubierto una piedra perfectamente redonda o un árbol cuyo tronco fuese absolutamente recto? ¿Hallaste arbustos totalmente simétricos?

Es posible que, en alguna ocasión, hayas observado a una hiena cuando mata a un ñu recién nacido; a un zorro cuando apresa y mata a un conejo; a un búfalo adulto que, después de una lucha encarnizada, es destrozado por una manada de leones. Yo te pregunto: ¿es justo todo esto?

En el mundo animal, nada es simétrico ni justo. Pese a ello, el sistema de la naturaleza se conserva a la perfección. La vida sigue su curso sin problemas como hace millones de años, a menos que intervenga el ser humano y la destruya. En la naturaleza, de una u otra manera, se restablecen la armonía, el equilibrio ecológico.

El mensaje que deseo transmitir es que deberíamos aprender de la superorganización natural, que oscila en equilibrio desde hace cuatro mil millones de años. Del mismo modo en que debemos oponernos a la extinción de la vegetación silvestre y a la rectificación de los cursos de agua (sean cuales sean los motivos económicos de corto plazo o las causas hipócritas que las determinen), tampoco debemos aceptar que se modifiquen nuestros "bordes y aristas" personales, pues no son otra cosa que la expresión de nuestra individualidad. Encuentra, pues, tu equilibrio, pero no intentes ser perfecto.

En verdad, deberíamos amar nuestros pequeños defectos y limitaciones, ya que son parte esencial de nuestra vida y evolución.

> *Y no creas que la vida es injusta, si te sientes perdido. Acepta lo que no puedes modificar. Cambia lo que puedes cambiar.*

Si lo que buscas es una justicia mensurable, es mejor que te dediques a jugar al tenis o al billar. Estas actividades, empero, no reflejan en lo más mínimo la vida real. Mantén una actitud crítica frente a la justicia aparente, porque es la forma más perniciosa de injusticia. Y conserva tu tranquilidad espiritual para reconocer que entre justicia y equilibrio hay una diferencia inmensa.

Reflexión N° 27

El principio del camaleón: Adáptate al máximo a tu entorno, pero sé fiel a tus colores naturales

A mi juicio, el camaleón es el animal de rapiña más perfecto de la naturaleza. Este reptil es un maestro del mimetismo, la paciencia, el emplazamiento y la precisión para acertarle a la presa. No sólo se adapta a su medio exterior, sino que se transforma en parte de él. Se vuelve parte del mundo que lo rodea. Llama tan poco la atención, que su víctima suele colocarse directamente delante de él, sin advertirlo. ¿No crees que sería maravilloso parecerse al camaleón?

Por cierto, yo procuro imitarlo. Adapto mis colores al entorno y a las personas que me rodean. Cuando debo tratar con un vendedor de automóviles usados me presento de cierta manera. De forma totalmente diferente me muestro, cuando debo tratar con un banquero prominente. Uso ropa distinta, hablo de otra forma, me transformo en la persona con la que me encuentro en el momento. Pero lo que acabo de decir no debe ser mal interpretado. El comportamiento mencionado nada tiene que ver con el oportunismo, que rechazo absolutamente y que, por otra parte, nos lleva, a mediano o largo plazo, a "patearnos en contra" y terminar fracasando.

Repensemos esto: el camaleón sólo se adapta exteriormente. Permanece también fiel a tus colores naturales, aunque cambies tu aspecto exterior.

> *Pues un factor de éxito eficaz es hablar como lo hace la mayoría y pensar como lo hacen unos pocos.*

Comienza, hoy mismo, a aplicar la técnica del camaleón. Te sorprenderás de ver cuántas puertas desconocidas puedes abrir de esta manera.

> *Esto debe hacerte reparar en que tu vida cotidiana te ofrece oportunidades que se repiten a un ritmo desparejo y sin que tú puedas incidir en ello, pero que sólo a ti te incumbe aprovechar.*

Prepárate para captar el momento preciso.

Reflexión N° 28

El principio del águila: Toma distancia de tu entorno y mantén la necesaria visión de conjunto

Un dato de fundamental importancia es que no podemos tener una visión de conjunto, mientras estemos inmersos en el detalle. ¿Cuántas personas conoces a las cuales los árboles no les dejan ver el bosque? ¿Que se detienen a tal punto en el detalle, que pierden la capacidad de percibir lo esencial? ¿Te cuentas entre aquéllos capaces de observar todo con realismo desde diversos ángulos?

Reflexionando sobre este asunto, elaboré un día el principio del águila. Estaba en pleno vuelo entre Madrid y Quito, a diez mil metros de altura, cuando tomé conciencia de que estaba contemplando mis problemas del momento con gran distanciamiento y libre de toda preocupación. Después de un rato, pude darme cuenta de que esto se debía a que, tanto física como psíquicamente, me encontraba muy lejos de mis actividades cotidianas.

De ahí derivo el mensaje que deseo comunicarte. Cuando desees obtener una visión de conjunto acerca de la situación o la dificultad que te preocupa, sal de tu oficina y ve a visitar a un colega o a un vecino, toma un café con él y conversa sobre bueyes perdidos. O aprovecha tu hora del almuerzo para dar un paseo. Tú sabes a lo que me refiero. No importa lo que hagas, lo principal es que cambies de "ambiente". Toma distancia del problema, aunque no sea más que por pocos minutos u horas, pues *no podemos solucionar nuestros problemas en el mismo nivel mental en el que nos encontrábamos cuando los creamos* (Albert Einstein).

Por tal motivo, considero que las pausas, los recreos y el tiempo libre son de enorme importancia, ya que nos permiten reflexionar y generar nuevos pensamientos. En otras palabras, debemos salir del bosque de tanto en tanto para poder ver los árboles.

Admito que lo expuesto suena excesivamente simple y casi trivial, pero ¿por qué son tan pocas las personas que utilizan estos métodos simples y triviales, que no sólo incrementan la creatividad y la productividad, sino que, además, ejercen un efecto positivo en el ánimo de la persona, volviéndola más satisfecha y equilibrada?

Haz también tú la prueba y anímate a disfrutar tu próximo fin de semana en un lugar alejado de tu entorno cotidiano. Podrás comprobar la influencia positiva que el cambio de aires ejerce sobre tu actitud y modo de pensar.

Reflexión Nº 29

El principio del tiburón: Para llegar a ser el mejor predador, no hay que quedarse dormido ni perder el instinto jamás

¿Qué sensación te despierta pensar en tiburones? ¿Qué sientes cuando piensas en sus ojos fríos, sus afilados dientes, en su cuerpo musculoso que avanza nadando directamente hacia ti? ¿Tienes mucho miedo? Piensa ahora en tu rival o competidor más temido. ¿No te surgen, acaso, sentimientos semejantes? Esto se debe a que el tiburón es el competidor número uno. Ha desarrollado a tal punto su percepción sensorial, que puede oler y percibir la presa a varios kilómetros de distancia. No se le oculta nada.

El tiburón nunca duerme. Está siempre alerta por si se aproxima una presa potencial que se atreva a penetrar en su coto de caza. Conozco muchas empresas, tanto en Alemania como en el resto de Europa, que pasan el día en estado de semisueño. No poseen control ni sistemas de alerta temprana; su presa –potenciales clientes y vendedores–, podrían estar nadando a su lado sin que ellos se den cuenta.

Lo que realmente admiro en el tiburón es que siempre se halla en movimiento. Sólo permanece quieto, cuando le llega la muerte. Mi temor es pensar que un tiburón podría devorarme mientras no me concentro en lo que debiera, pues, al fin de cuentas, el tiburón es un cazador despiadado.

Para concluir, te digo:

> *Hagas lo que hagas, ya sea que estés persiguiendo una presa o te estén persiguiendo a ti, mantente alerta y utiliza tu instinto.*

Hay un tiempo para la indulgencia y un tiempo para la competencia. No los confundas.

Reflexión N° 30

El principio del bogavante*: A veces, empujamos a los otros hacia abajo, porque esto nos hace sentir bien

Hace poco trabajé en un proyecto en el Perú. Fui hasta la playa, donde vi a un pescador que se aprestaba a llevar bogavantes al mercado. Cargaba un balde lleno de estos animales, que se trepaban unos sobre otros, intentando escapar.

Le grité para advertirle que los bogavantes se estaban escurriendo del balde, pero respondió que no lo lograrían. Sorprendido, le pregunté a qué se debía. Me contestó que eran bogavantes peruanos: cuando uno lograba trepar hasta arriba los demás lo volvían a arrastrar hacia abajo.

¿Alguna vez envidiaste a alguien y deseaste que le fuera mal? ¿Alguna vez hablaste de él a sus espaldas para perjudicarlo? ¿Criticaste a alguien a quien hubieses debido elogiar? Si es así, sigues el "principio del bogavante".

* Bogavante: crustáceo marino comestible, que se pesca en los fondos rocosos de 15 a 50 m de profundidad (N. del T.).

De ello podemos sacar dos conclusiones:

En primer lugar, nunca permitas que alguien te arrastre hacia abajo y te haga víctima de descrédito. Suceda lo que suceda, no dejes que te afecten las actitudes negativas, la incapacidad y la incompetencia de otros. Lucha contra esto y libérate de las pinzas y coacciones de los demás.

En segundo lugar, no trates de retener a otros compulsivamente, de frenar su desarrollo o aun de difamarlos. Si lo haces, no pasará mucho tiempo antes de que caigas tú también.

La envidia, el ver con malos ojos los éxitos de otros, constituye el mayor obstáculo para lograr nuestra libertad personal y es, a la vez, una señal inequívoca de que no confiamos en el propio éxito.

Reflexión N° 31
Si transmites energía negativa, terminarás tú mismo en un callejón sin salida

¿En ocasiones te despiertas de tan buen humor, que crees estar en la cima del mundo? Silbas bajito mientras te vistes. Escuchas tu canción favorita camino al trabajo. Y te preparas para el día más productivo de tu vida.

Luego, poco antes de sentarte a tu escritorio, recibes el llamado de un cliente insatisfecho, que no deja de vociferar e insultarte. Apenas te recuperas del mal rato, se te aproxima un colega y te culpa por una falta cometida en el trabajo. Haces un esfuerzo por sosegarte, pero, en ese preciso momento, te llama tu jefe para echarte encima un nuevo fardo, que se sumará a los otros que tienes sobre tu escritorio.

¿Dónde quedó el buen humor que tenías al levantarte? ¿Has notado hasta qué punto influye en ti la negatividad de otros? Y algo aún más importante, ¿transmites estas ondas negativas a otros? ¿En qué medida puedes controlar tus emociones?

Acaba hoy mismo con la costumbre de abrumar a otras personas con tus emociones negativas. En lugar de ello, dedícate a transmitir energía positiva. Rompe el círculo vicioso de los sentimientos negativos que pasan de una a otra persona en una aparente cadena sin fin.

Reflexión N° 32

Los talentos que no se utilizan se pierden

Hace poco planteé la siguiente cuestión a una dama de gran éxito en la vida: "¿Cuál fue el mayor desafío de su vida?". Sin detenerse mucho a reflexionar, la mujer contestó: "Valorar mis dotes naturales".

¿Valoras tus dotes naturales, tus verdaderos, tus auténticos talentos? ¿Los conoces cabalmente? ¿Te esfuerzas por desarrollar tus disposiciones naturales o dejas que se oxiden por pereza?

En mi caso personal, después de solucionar el problema de mis dudas y temores por el futuro, descubrí mi aptitud de acercarme a la gente y despertar su entusiasmo. Me percaté de que tenía el don de ser entretenido y simpático. Descubrí mi talento natural para hacer reír a la gente, mientras compartía con ella nuevas estrategias y alternativas para mejorar su vida. Pude darme cuenta de que tenía condiciones para pensar creativamente y marcar nuevos rumbos que solucionarían problemas.

En la actualidad, la meta más elevada a la que aspiro es no sólo la de maximizar mis talentos, sino, además, de aplicarlos con eficiencia para ayudar a los demás. Día a día, busco mecanismos para ampliar mis aptitudes naturales. Aprendo cotidianamente de las experiencias ajenas, lo cual me ayuda en mi empeño por preservar y ampliar el margen de mi libertad personal. ¿Tú también lo haces?

Aprende, desde hoy mismo, a conocer y valorar tus dotes naturales, los talentos y dones que la vida te obsequia. Los tienes dentro de ti, aunque algunos aún te sean desconocidos. Es decir, que tú eres dueño, pero todavía no poseedor de tus talentos. Emprende un viaje interminable de descubrimiento de tus lados fuertes y vive según el lema:

> *los dones que no utilizamos diariamente, retroceden diariamente.*

Reflexión N° 33

La cordialidad es como un bumerang: El que se acerca a los demás con cordialidad recibirá cordialidad

El otro día fui a visitar a un conocido que daba una fiesta. Había alrededor de treinta personas invitadas. Como era una tarde magnífica, nos sentamos afuera, a disfrutar del aire libre. Atraído por la multitud, se nos acercó el perro de mi amigo, un labrador dorado, moviendo alegremente la cola.

El perro, de nombre Pluto, fue pasando de uno a otro, mientras apoyaba su hocico sobre cada rodilla y alzaba la mirada de sus brillosos ojos pardos para mirar por turno el rostro de los invitados. Pero éstos estaban muy ocupados comiendo, bebiendo y conversando como para prestar la más mínima atención a Pluto y se limitaban a espantarlo con un gesto.

¿Piensas que el rechazo desanimó a Pluto? ¿Crees que abandonó la búsqueda de cordialidad y afecto? Si no eres una persona amante de los perros, tu respuesta será seguramente equivocada. El hecho es que el perro siguió adelante, convencido de que, tarde o temprano, alguien lo aceptaría. Seguí observándolo durante cierto tiempo y pude comprobar que, en efecto, encontró finalmente a una atractiva y simpática señorita, dispuesta a hacerle mimos.

¿Cuál es el mensaje de esta anécdota? Si te aproximas a las personas con cariño, cordialidad y afecto, y no te dejas desanimar de inmediato por un rechazo, no pasará mucho tiempo antes de que alguien te responda con lo mismo que tú entregas.

Reflexión N° 34

Revive la despreocupación de la niñez una vez, y otra y otra...

Como muchas personas felices de treinta años o más, mi hermana y mi cuñado fueron bendecidos con tres hijos: dos mellizos, Luisa y Maximiliano, y otro pequeño, Leonardo. Tienen entre cinco y siete años.

Me agrada compartir mi tiempo con ellos, revivo mi niñez, pues no perdieron aún la sabiduría con la que los niños vienen a este mundo. La dureza de la vida todavía no hirió sus almas. Están siempre alegres. No les importa lo que la gente piense de ellos. Pero lo mejor de todo, ¿sabes lo que es?, que se sienten fascinados con las cosas más sencillas y con la menor atención que se les preste.

Entro, pues, en su mundo, y, por unos instantes, la realidad es para mí como la consideran ellos. Entonces, sucede otro fenómeno aun más misterioso: después de pasar un rato con mis sobrinos, me siento mejor preparado como adulto en la lucha por la vida. Es como si me hubiesen cargado de energía, poder de imaginación y fantasía. Los niños renuevan mi espíritu. Después de retornar del mundo de la infancia, me veo más capaz de proseguir en el mío. Dedica más tiempo a estar con niños. Descubre lo emocionante de la niñez y revive la tuya. Erich Kästner hizo una aguda observación acerca de este tema:

La mayoría de las personas se quitan de encima la infancia como quien se quita un sombrero viejo. La olvidan como un número de teléfono que perdió actualidad. Primero fueron niños, luego se volvieron adultos, ¿y qué son ahora? **Solamente el que, siendo adulto, permanece niño es un ser humano.**

No olvides vivir y disfrutar regularmente esa parte de niño que sigue latente en tu interior. Evita que este aspecto importante tuyo se marchite. En algún lugar recóndito de mi persona, sigo siendo un niño. Sólo cuando ya no lo perciba sabré que es muy tarde, demasiado tarde para mí.

¿Adulto? ¿Qué significa ser adulto? ¿Ser sensato? ¿Quién lo es, en realidad? Yo soy yo y tú eres tú; es lo único que sé. Tú eres joven, y yo soy viejo, ¡pero qué importa! (De la canción "Nessaja", de Peter Maffay, cuya música influyó positivamente en mi aspiración de libertad personal).

Reflexión Nº 35

El cúmulo de información no conduce automáticamente a un mayor conocimiento

Uno de los valores que considero fundamentales es el crecimiento continuo. Sin él es difícil que logremos mejorar u optimizar nuestra situación personal. Cuando hablo de crecimiento, me refiero también a la actualización y elaboración del propio conocimiento, pues *la inversión en conocimiento devenga los mejores intereses* (Benjamín Franklin).

Acaso te suceda que desearías ampliar tus conocimientos, pero hay tal cantidad de datos a tu disposición y tantas fuentes de información, que no sabes por dónde empezar a buscar y a leer.

La abundancia de información útil crece día a día, pues, *en el mundo actual, en cada minuto, surge una nueva fórmula química, cada tres minutos, un nuevo descubrimiento físico y, cada cinco minutos, un nuevo conocimiento en medicina. Cada día se publica más de lo que se imprimió desde la invención de la imprenta hasta la Primera Guerra Mundial* (Heinrich von Pierer, Presidente del Consejo de Administración de Siemens AG).

Chocamos contra las fronteras de nuestra capacidad personal de elaborar datos, ya que carecemos de tiempo material para procesar tal magnitud. Hoy, nos movemos en una ciénaga de información que debemos drenar de acuerdo con nuestras necesidades y sacar provecho de aquello que es prioritario para cada uno.

El siguiente cuadro se propone ayudarte a lograrlo:

UTILIZACIÓN ÓPTIMA DE LA INFORMACIÓN VERSUS EXCESO DE INFORMACIÓN

No toda la información que tenemos a disposición vale la pena incorporar.

No toda la información que deseamos adquirir y consideramos que debemos poseer es realmente útil. En toda empresa, el peligro reside en que los criterios subjetivos acerca de la información y los hechos determinan las actividades.

Por lo tanto, te recomiendo que, al actuar, te concentres en la información útil y esencial.

La meta más elevada es dar siempre absoluta prioridad a la meta más elevada.

El arquetipo del triunfador hace referencia a una persona que ha logrado llegar a donde pocos llegaron, gracias a su capacidad de concentrarse en lo esencial, aun bajo presión, y de distinguir con prontitud lo principal de lo secundario. El extraordinario poder de esta gente reside en que no cae en distracción alguna, en la persecución de sus metas. En el diccionario *Webster*, encontramos una definición muy acertada del término "concentrarse": Es *intensificar, fortalecer, depurar la totalidad, deshaciéndose de lo superfluo*. Mantente cerca de personas con gran potencial y notarás la diferencia. Tienen la capacidad de dejar de lado lo innecesario (incluso la información que no les sirve), concentrando toda su energía en lo que consideran importante (incluso la selección de información útil). Si tenemos la información correcta, habremos derrotado a los dos enemigos del éxito: el riesgo y el miedo.

Reflexión N° 36

La vida es un espejo en el que se reflejan nuestros estados interiores

¿Has notado que hay algunas personas que parecen atraer hacia sí la energía negativa? De algún modo, siempre caen víctima de contrariedades. Si un pájaro deja caer su excremento sobre alguien es sobre una de ellas. ¿Y has notado cómo se transmiten las "malas ondas" cuando alguien, sea de tu círculo de conocidos o de colegas, tiene pensamientos negativos?

¿Alguna vez te llamó la atención advertir cómo la vida te muestra su rostro más bello cuando te sientes amado y optimista? ¿Observaste cómo surgen las oportunidades cuando te mantienes activo y cargado de energía? ¿Has experimentado la atracción que ejerces sobre otras personas cuando irradias energía positiva y tienes buena disposición, y cómo éstas toman distancia de ti, cuando transmitís ondas negativas y pesimistas?

En otras palabras, la vida no es más que un espejo de nuestro interior, nuestra cabeza y nuestro corazón.

> *Creo que nuestra realidad refleja nuestros pensamientos, de modo que, en el espejo de la vida, no sólo se ve lo que se es, sino también lo que no se es, aquello que a uno le falta.*

Propónete que, a partir de hoy, no te rebelarás contra la vida por ser injusta. No te lamentes por la actitud que otros tienen hacia ti. No culpes a nadie por tus fracasos y derrotas. Toma conciencia de que las situaciones que se te presentan son atraídas, en gran parte, por tú mismo, en consonancia con tu disposición interior.

Hace diez años, yo había caído en una depresión, y mi espíritu liberaba más energía negativa que positiva. Hoy, mi espíritu está permanentemente atento a irradiar energía positiva. ¿Qué tipo de energía libera tu interior? Ten en cuenta que depende de ti.

Cualquiera de nosotros puede transformar el cielo en infierno. Asimismo, el infierno en cielo.

Sólo tú lo decides día a día.

Reflexión N° 37

Las decisiones más importantes se toman con el corazón y se justifican con la cabeza

En los últimos años, me dediqué a observar a muchas personas para ver cómo tomaban sus decisiones. Pude comprobar cosas sorprendentes. La mayor parte de nuestras decisiones se basa en emociones, pero se justifica con razonamientos lógicos.

Reflexiona: ¿Por qué escogiste tu vivienda? ¿Y tu auto? ¿Cómo eligiste tu oficio o profesión? ¿Por qué preferiste a una persona en particular y no a otra para casarte? ¿Por qué compraste tal y tal libro?

El comportamiento humano se compone, en un noventa por ciento, de emociones y, en un diez por ciento, de lógica, aunque algunos consideran que es a la inversa.

Por ello, no esperes que las personas actúen de manera sensata y racional. No busques respuestas en situaciones cargadas emocionalmente. Y no te sorprendas, si las personas te sorprenden. Hace cuatrocientos años, decía Shakespeare: *El corazón tiene razones que la razón no entiende*. Aprovecha, desde hoy, esta verdad. Asegúrate de comunicarte más intensamente con tu prójimo en el plano emocional. Pienso que las personas que mejor se comunican son las que colocan la razón en segundo plano y dejan hablar a corazón. Si les resultas simpático a los demás y les caes bien, te escucharán. Si no, indudablemente, tendrás menos éxito, por más que apliques la lógica.

Reflexión N° 38

La comunicación será más ágil, si cambias tus mocasines por los del otro

Nuestro magnetismo personal nos permite establecer comunicación en un nivel emocional profundo. Esto significa que nos sentimos unidos al otro en armonía. Empezamos a confiar en él y anhelamos pasar más tiempo con él.

Ahora bien, ¿qué tipo de ser humano nos agrada? Te lo revelaré: a) el que es semejante a nosotros, vale decir, el que nos reafirma en lo nuestro, o b) el que es como nos gustaría ser y, por ende, admiramos. El que los polos opuestos se atraen es un mito. ¿O alguna vez has expresado: "Te quiero porque somos muy diferentes"? ¡Más probable es que digas: "¡Te quiero porque tenemos muchas cosas en común!".

Por esta razón, si deseas entablar una relación rápida con una persona, hazle ver cuánto se parece a ti. Utiliza su mismo vocabulario. Adopta su tono de voz y ritmo al hablar. No malinterpretes esta recomendación, pues no te aconsejo que imites a tu interlocutor como un loro, sino que desarrolles sensibilidad frente a él; que sincronices con él. De esta manera, podrás comprobar que el otro no tardará en sentirse cómodo contigo.

Calza los mocasines de tu interlocutor. Esto te permitirá ver las cosas desde su punto de vista.

Esta misma es la misma receta del éxito que nos legó el legendario pionero de la industria norteamericana del automóvil, Henry Ford:

El secreto del éxito consiste en comprender el punto de vista del otro.

No temas hacerle a tu interlocutor un cumplido, al aludir a su estilo común al tuyo, su semejanza en el modo de pensar o simplemente su concepción de la vida.

Cierto es que este tipo de magnetismo funciona únicamente, si eres sincero. No es posible fingir los sentimientos, pues

sólo vemos bien con el corazón. Lo esencial es invisible a los ojos (Antoine de Saint-Exupéry).

Prueba hoy mismo ejercer tu magnetismo y, una y otra vez, te verás gratamente sorprendido por la fuerza de atracción que generas.

Reflexión N° 39

¿Qué responderías si, al final de tu vida, alguien te preguntase: *¿Has sido auténtico? ¿Te has mostrado como eras?*

¿Hasta qué punto eres sincero contigo mismo? ¿Te esfuerzas por crecer todos los días para realizarte cada vez más o huyes ante tú mismo? ¿Estás orgulloso de lo que eres o tratas de ser una persona diferente de la que eres? ¿Haces las cosas de corazón o las haces porque los demás lo esperan de ti? Cuando deseas decir algo, ¿lo expresas francamente o te muerdes la lengua, arrepintiéndote luego de no haber hablado?

¿Alguna vez te detuviste a observar detenidamente tu propio comportamiento cuando estás con otras personas cuya compañía te agrada? ¿De qué manera tan diferente te comportas en el trabajo, en que te toca compartir tu tiempo con otros, cuya compañía no has elegido voluntariamente? Éste es precisamente el "quid" de la cuestión, que deseo resaltar. Cuanto más auténticos somos, cuanto más genuinos y sinceros con nosotros mismos y nuestro entorno, tanto más fuertes y satisfechos nos sentimos. Es innegable que hay que hacer ciertas concesiones, cuando se comparte el trabajo con otras personas. Pero la clave es la siguiente: debemos mostrarnos como lo que somos, sin distorsionar nuestro comportamiento, sea cual sea la situación en la que nos encontremos. Yo me adapto al medio que me rodea igual que tú, pero me he prometido que no renunciaré a mi identidad sólo por satisfacer a los demás. En el pasado, solía hacerlo y era como cometer un suicidio espiritual. Nunca más volveré a hacerlo.

Reflexión N° 40

La confianza en sí mismo es un puente entre el país de nadie y el paraíso

¿En alguna ocasión, estabas tan nervioso, que te sentiste enfermar? ¿Alguna vez estuviste tan asustado, que te resultaba imposible tomar una decisión? ¿En alguna circunstancia, deseaste reaccionar ante algo, pero fuiste incapaz de adoptar medidas al respecto? Es seguro que todos responderán afirmativamente a estas preguntas, lo cual no deja de ser reconfortante.

No obstante, no todos desarrollamos la confianza necesaria para superar los desafíos emocionales. Estoy aquí para garantizarte que la confianza en uno mismo es la causa principal del éxito, y que su carencia es el motivo más frecuente del fracaso. Observa a los individuos cuya personalidad es exitosa, satisfecha e independiente y te convencerás de que, al confiar en nosotros mismos, decidimos entre una vida mediocre o una vida caracterizada por la libertad personal.

Estoy seguro de mí mismo y confío en mí porque creo en mí.

El diccionario *Webster* define la confianza en sí mismo de esta manera: *Es la realización, seguridad y audacia personal.* Confiar significa poseer suficiente valor para hacer frente a los propios miedos. Yo siento miedo todos los días, pero me he acostumbrado a no dudar de mí, si no logro los resultados esperados. En lugar de ello, me doy un mayor impulso para enfilar hacia la meta que he elegido con toda mi fuerza, concentración y energía.

Toma, desde hoy mismo, medidas estrictas para luchar contra el miedo, en particular, contra el miedo a la crítica. La crítica no es otra cosa que la opinión de otros.

Dar excesivo valor a la opinión de otros es un error muy generalizado (Arthur Schopenhauer).

Por incómodo que sea, a veces, fijar con claridad tu posición personal, estás creando las condiciones para que tu opinión sea mejor aceptada.

Tu valor para expresar tu opinión debe ser mayor que el miedo a ser criticado.

A esto lo llamo tener confianza en uno mismo, pues es preciso, ante que confiar en lo que otros creen que podemos llegar a ser.

Reflexión N° 41

El miedo es tan sano para el espíritu como el baño lo es para el cuerpo

(Máximo Gorki)

¿Alguna vez te surgió una extraña sensación en el estómago al subirte a un avión? ¿En algún momento de tu vida, tuviste un nudo en la garganta? ¿Sabes lo que es sentir repentina sudoración, acompañada de palpitaciones? Supongo que todos tuvimos alguna vez estas sensaciones y muchos de nosotros desearíamos no tenerlas nunca más.

Súbitamente sentimos miedo. El miedo es nuestro radar, nuestra antena, y es la adrenalina que fluye por nuestro interior. Amo mi miedo, ya que he aprendido a controlarlo. Es como un perro perfectamente entrenado que nos presta un servicio importante, pero que, sin un control adecuado, podría vulnerarnos.

El miedo es una de las emociones más viscerales. Todo ser humano ha conocido el miedo alguna vez. Ahora bien, puede permitir que el miedo lo debilite o extraer fuerzas de él. Cuando pregunto a alguna persona cuál es la reacción más común que denota miedo, la respuesta suele ser: *El impulso de salir corriendo*. Pero deberíamos interpretar de otro modo este reflejo de huida. Creo que el miedo no es más que una señal de nuestro cerebro que nos comunica cuándo debemos estar alerta y preparados. El miedo nos informa que algo sucederá, algo que nos hará ir hasta el límite de nosotros mismos. Sentimos el miedo más intenso ante lo desconocido, ante actividades y situaciones que nos son ajenas. Pero, dado que lo desconocido sólo lo es en relación con experiencias personales, detrás del miedo a lo desconocido, se oculta también el miedo a vernos obligados a cambiar nosotros mismos. En realidad, ésta es nuestra gran oportunidad de penetrar en regiones nuevas e ignotas y buscar otros rumbos de acción.

Si vas más allá de los límites de tu radio de acción habitual y avanzas hacia zonas nuevas con las que no estás familiarizado, tanto en lo profesional como en lo privado, encontrarás, sin lugar a dudas, nuevos desafíos con sus correspondientes oportunidades y riesgos. Es preciso encarar, perseguir y aprovechar las oportunidades que se presentan en el transcurso de esta nueva etapa y rodear los escollos, como hacen los navíos con los iceberg en el mar. Empero, para reconocer los riesgos en su real dimensión también hace falta cambiar, de tanto en tanto, el ángulo de observación. Vale decir, hay que estar dispuesto a abandonar el cómodo puente y meter la cabeza bajo el agua para ver algo más que la punta del iceberg.

El riesgo mayor en que puede incurrir una persona reside en evitar crónicamente los riesgos, pues quien evita riesgos también evita oportunidades de éxito.

Difícilmente pueda crecer el individuo, si no arriesga nada en la vida.

Al ampliar tu esfera de control, reduces la zona que desconoces, lo cual llamamos la zona de miedo. Por consiguiente, no temas a tu propio miedo, pues es una de las mayores dotes naturales del ser humano. A partir de hoy, procura mirar tu miedo desde otra perspectiva. Acostúmbrate a él, utilízalo y ve tranquilamente allí donde nunca has estado antes. En otras palabras, conserva tu hambre de vida y no te sacies nunca con ella.

Reflexión N° 42

Las seis palabras más importantes en toda relación son: *Admito que he cometido un error*

Winston Churchill afirmaba: *En el curso de mi vida, tuve que tragar mis palabras más de una vez. Debo admitir que siempre fue una dieta sana.*

Uno de los gestos más constructivos y que requieren mayor coraje es el de admitir que hemos cometido un error. Creo que es propio de cobardes no ser capaces de retractarse. Tuve ocasión de presenciar el colapso de muchas relaciones, debido al hecho de que ninguna de las partes estaba dispuesta a admitir un error. El yo de cada una no se lo permitía. Pensaban que reconciliación era sinónimo de debilidad. Sin embargo, es precisamente lo contrario.

Déjame preguntarte esto: ¿Qué sucede cuando estás enojado con alguien y esta persona se te aproxima y dice "lo siento", "fue mi culpa"? Con frecuencia, la mera disposición de admitir un error es suficiente para que la otra parte reconozca su parte de responsabilidad en lo sucedido. ¿Sabes por qué? Porque, al reconocer un error has marginado tu propio yo de la conversación.

Lo principal es cómo se sienten las personas y lo que piensan acerca de sí mismas. La mayoría de nosotros nos sentimos bien, si se nos respeta. ¿Por qué no hemos de hacer sentir bien a los demás respetando su posición y su parecer, aunque ello no suponga aceptarlos?

Reflexión N° 43

Para que surja lo posible es preciso intentar una y otra vez lo imposible
(Hermann Hesse)

A menudo, me encuentro con personas que se sienten frustradas y desesperadas, si no han logrado los resultados que esperaban. No obstante, se empecinan en seguir haciendo las cosas de la misma manera, en lugar de ensayar métodos nuevos. Cuando uno les pregunta por qué no se detienen a pensar cómo optimizar sistemas, técnicas o procedimientos, la respuesta suele limitarse básicamente a una de estas dos afirmaciones:

1. No tengo tiempo de optimizar mi trabajo. Necesito mucho tiempo para realizarlo, pues no está optimizado.
2. Trabajamos según la modalidad que siempre hemos aplicado. Y está bien que así sea, pues si fuese mala hace tiempo que alguien la habría cambiado.

Esta argumentación, que se parece a la rueda del hámster, seguramente te es conocida. Es posible que el trabajo rutinario haga olvidar a muchos que es preciso desarrollar una flexibilidad acorde a los nuevos desafíos para hallar soluciones a los problemas. La dinámica y la innovación son una garantía firme de que se logrará éxito duradero, no así la concentración unilateral en métodos de trabajo ya existentes, que no se revisan y ponen a prueba una y otra vez, *pues todo menos el trabajo de rutina armónico y repetitivo hace avanzar una empresa* (Beate Uhse, empresaria).

Lo que tiene validez para una empresa también vale para la vida privada del individuo. Un ama de casa no se dio por satisfecha con la preparación habitual del café, pues le molestaba el gusto amargo de la borra que quedaba en el fondo de la taza. Agujereó una lata, colocó dentro de ella un papel secante que halló entre los materiales escolares de su hijo, lo llenó con café molido y le echó agua hirviendo encima. De este modo, el ama de casa no sólo había revolucionado el proceso de preparación del café, sino que, además, había encontrado su nicho empresario. Se propuso difundir su método entre todos los bebedores de café y fundó una pequeña empresa con la ayuda de su marido. Juntos lograron el perfeccionamiento técnico del método inventado y el 8 de julio de 1908 obtuvieron la patente imperial. A partir del perfeccionamiento relativamente sencillo de un método, el ama de casa, Melitta Benz, dio nacimiento a la exitosa empresa familiar *Melitta*.

Mi conclusión al respecto es ésta: no intentes hacer frente a los nuevos desafíos con métodos obsoletos. Aunque el aprendizaje del pasado nos sirva de base, será insuficiente para solucionar problemas futuros. Abandona el pasado o el pasado te devorará.

Arriesga más y no te amedrentes ante cambios de envergadura en los procesos que debas emprender, pues aun la optimización más radical de los procesos halla su legitimación al día siguiente de ser introducida.

Los principios fundamentales que aseguran la calidad y que debemos tener presente en el futuro son la flexibilidad y la innovación. Flexibilidad para ensayar nuevos métodos hasta encontrar aquellos que realmente funcionan. Esto requiere valor y creatividad. Aprende de los mejores y haz en tu vida privada lo que practican las empresas industriales de éxito.

Cada vez que lográbamos un progreso en IBM era porque alguien había estado dispuesto a asumir riesgos, a jugarse la cabeza y poner a prueba algo nuevo (Thomas J. Watson, gerente).

¿Tienes suficiente curiosidad como para ensayar una y otra vez métodos nuevos hasta encontrar los que funcionan realmente? Puede ser que te sorprendas, pero he observado que la curiosidad, combinada con la sana pereza del ser humano, constituyen los principales factores que impulsan el progreso.

Sé sincero con contigo mismo: ¿Te sientes como un moderno Cristóbal Colón? ¿Eres curioso y te agrada ocuparte de asuntos nuevos y desconocidos que nunca antes conociste o realizaste, tanto en tu vida privada como profesional?

¿O continúas, día a día, recorriendo los mismos caminos de siempre? Si lo haces, deberías tener en cuenta que:

quien no se sale de la senda trillada no llegará más que hasta el lugar al que otros llegaron antes que él.

Me pregunto: ¿responde esto a tus exigencias personales? Si no es así, no esperes alcanzar la meta para, luego, pensar que hubieses tenido que abandonar ese camino mucho antes.

Reflexión N° 44

Si quieres destruir la maleza debes arrancarla de raíz

Las cosas pueden tener causas aparentes que no son las reales. En efecto, suele carecer de importancia aquello que tú consideras como la causa de tus problemas y posiblemente no lo sea. Sé de qué hablo, pues dediqué mucho tiempo de mi vida a indagar en las causas de mis dificultades. Cuando tenía problemas echaba la culpa a mi familia, a la situación económica del país, a otras circunstancias externas. Pero, en el fondo, estas causas supuestas nada tenían que ver con mis problemas, que radicaban en mi inseguridad interior.

Piensa en todas las causas que crees responsables de los problemas que se han presentado en tu vida. Analízalas en profundidad. Si las observas de cerca con la mayor sinceridad posible, verás, sin duda, que no hacen más que rozar las hojas del árbol de tus problemas, sin ir a la raíz de éstos.

Mientras lees estas líneas, detente a reflexionar: ¿Estás enojado con alguien? ¿Tal vez contigo mismo? ¿Te resulta difícil perdonar algo que otra persona hizo o no hizo? ¿Cometió alguien algún error que no puedes olvidar? Pues, ten presente que el no perdonar algo o a alguien te conducirá a la ruina. Al guardar resentimiento contra alguien, por la razón que sea, estás permitiendo que esta persona te controle y viva gratuitamente en tu cabeza. Debes dejarla ir. Este asunto ya fue tratado desde una perspectiva filosófica hace alrededor de dos mil años cuando Epícteto expresó:

Culpar a otros por nuestras desgracias es señal de estupidez. Echarse la culpa uno mismo es el primer paso hacia el conocimiento. No echar la culpa a otros ni echársela a uno mismo es claro indicio de sabiduría.

Expresiones tales como "me haces perder la paciencia" o "me pones nervioso" significan que el problema está en ti En realidad, nadie puede hacerte nada, a menos que tú lo permitas. Los demás no te crean las dificultades; son meramente la encarnación de tus problemas. Todo estriba en la valoración que hagas de ti mismo, en tu imagen personal y la confianza que depositas en tu propia persona.

Tómate el tiempo necesario para desmenuzar tus conflictos y sondear en las verdaderas causas que los determinan. Verás que la mayoría de ellos están ligados a un sentimiento de escasa autoestima.

Reflexión N° 45

Sin el frío y la desolación del invierno no tendríamos la tibieza y el esplendor de la primavera

(Ho Chi Minh)

¿Alguna vez reparaste en el hecho de que no podemos ser felices, si no hemos sido desdichados antes? ¿Te fijaste en que, a menudo, nos concentramos en el uno por ciento que anda mal en nuestras vidas, aunque el noventa y nueve restante no nos presente mayores problemas? ¿Has notado cómo nos detenemos en las malas noticias que genera el entorno, pese a contar con igual cantidad de noticias positivas?

En los viajes que realicé por diversos lugares y particularmente por el interior de Alemania, oí a mucha gente lamentarse por acontecimientos nefastos que suceden en el mundo y en nuestro país. Suelo parar la oreja cuando los oigo exclamar: "Dios, ¿por qué permitiste que esto me suceda?", y veo sus gestos llenos de congoja y desasosiego cuando dicen: "¡Sí, sí, la vida es muy dura!".

El mensaje que derivo de este pensamiento es que la vida está compuesta de tensiones encontradas. Por cada tragedia que sucede encontramos un milagro.

Todo problema tiene solución. Por cada diablo hay un ángel en el mundo. Luces y sombras conviven, y, entre ambas, hay una amplia zona gris. No hay rosas sin espinas ni hay dicha sin dolor. Sin derrotas no hay triunfos, sin pérdida no hay ganancia. La vida no existiría, si no fuese por la muerte. No debemos olvidar esto ni dejar de contemplar siempre ambos polos.

Nuestro desafío consiste en mantener vivas nuestras convicciones y creencias aun en tiempos tenebrosos. Digo más, principalmente en tiempos tenebrosos. Debemos aprender a disfrutar del perfume de una rosa, admitiendo la existencia de espinas. Si no actuamos de este modo, ¿dónde hallaremos la esperanza? ¿De dónde sacaremos la inspiración para impeler a otros?

Reflexión N° 46
El que se mantiene firme en la desdicha ya está a mitad de camino hacia la salvación
(Johann Heinrich Pestalozzi)

Si tienes la intención de irte, vete. Si deseas quedarte, quédate. No importa lo que decidas hacer, pero una vez decidido, hazlo. Decídete a llevar a cabo algo. Nada es tan letal como la indecisión.

¿Qué es lo que te resulta más frustrante en tu contacto con los demás? ¿Es el hecho de no poder decidirte? ¿Qué es lo que más te enerva? ¿Acaso es la indecisión?

La indecisión es la parálisis de la razón.

> *La persona indecisa debe aceptar que otros decidan en su nombre.*

Nos sentimos inmovilizados cuando debemos tomar una decisión por temor a equivocarnos. Pero

> *el peor camino que se puede escoger es el de no escoger en absoluto* (Federico II, rey de Prusia).

Pienso que, entre la decisión acertada y la errónea, la diferencia es nimia, casi inexistente. En vista de los caóticos quinientos años pasados, mucho de lo que hoy se considera correcto o es bien visto en el Continente Europeo será mal visto mañana y viceversa.

Lo importante es la cuota de energía que pongas y el compromiso que asumas cuando adquieres una determinación. Después de conocer a numerosos gerentes financieros, directores y jefes de equipo y de proyectos en diversas empresas exitosas, me he convencido de que la capacidad de decisión es el rasgo distintivo más importante en cualquier persona que ocupa cargos directivos. El mensaje esencial es que:

el que no define su curso de acción por sí mismo lo verá definido por otros.

Hay algo más que decir sobre este punto y es que, quizá, más importante que la capacidad de decidir es la de respaldar esta decisión y, dado el caso, defenderla. Ello implica también tener el coraje de revisar o modificar decisiones que tomamos con anterioridad, si han cambiado las condiciones o las premisas. Pues

no porque dijimos "a" tendremos que decir "b". También podemos reconocer que, al decir "a", nos equivocamos (Bertolt Brecht).

Fidel Castro admiraba en John F. Kennedy su capacidad de revisar las decisiones tomadas y corregirlas, de ser necesario. Doce años después de la crisis cubana de 1962, cuando la isla iba a transformarse en una base soviética de misiles atómicos, Castro puso de manifiesto el profundo respeto que sentía por John F. Kennedy. Fue en un comentario que deslizó frente a un periodista norteamericano, al opinar que Kennedy había sido uno de las pocas personas que había tenido el coraje de cuestionar y, si hacía falta, revisar una decisión de principio tomada en su momento, y que lamentaba que no hubiese sido presidente por más tiempo. Estos conceptos acerca de la conducta de John F. Kennedy en relación con la toma de decisiones adquieren mayor gravitación considerando las relaciones permanentemente tensas entre Cuba y los Estados Unidos.

De ahora en adelante, cada vez que debas tomar una decisión, sea importante o insignificante, estratégica u operativa, de orden privado o profesional, pregúntate quién podría hacerlo mejor que tú mismo. Actúa con coraje y firmeza, adopta una determinación y llévala adelante de la manera más satisfactoria posible.

Estudios médicos recientes han revelado que existe una relación marcada entre libertad de decisión y enfermedades cardíacas. Cuanto mayor es tu libertad de decisión mejor podrás compensar y reducir el estrés y el riesgo de enfermedades, particularmente cardíacas.

Reflexión N° 47

Quien se acuesta con perros se llenará de pulgas. Quien se recuesta sobre la magia se contagiará de ella

Poco a poco, nos volvemos parte de nuestras relaciones. Por lo tanto, mi pregunta es ésta: ¿Compartes tu tiempo con personas que son más inteligentes que tú? ¿Pasas buena parte de tu tiempo con personas que suponen un desafío y te ayudan a crecer? ¿Te relacionas con personas exitosas? ¿Te respetan esas personas o tratan de rebajarte? ¿Intentan empequeñecerte? ¿Te ofenden y se abusan de ti?

Tuve ocasión de conversar con varias personas que estaban inmersas en relaciones difíciles. A veces me preguntaban: "¿Debería abandonar a mi pareja, debo quedarme?". Yo me preguntaba: ¿merece la pena que trate de despejar estas dudas? Suelo ser sumamente cauto a la hora de dar consejos, de modo que me limitaba a repreguntar: "¿Se dedica él o ella a rebajar, ofender o humillar al otro constantemente?". Si la respuesta era afirmativa, le recomendaba abandonar la relación. Si era negativa, le aconsejaba buscar una solución a sus problemas.

El mismo principio puede aplicarse a tu lugar de trabajo. ¿Hay aprecio por tu persona y tu desempeño? ¿Encuentras desafíos en tu entorno que te ayuden a desarrollarte? ¿Crees hallarte en el bando de los triunfadores o en el de los perdedores? O a la inversa: ¿Representas un reto para los demás, los ayudas a crecer o eres de los que contagian las pulgas?

Reflexión Nº 48

Que saquemos provecho de situaciones pasadas depende de que nos arrepintamos o nos enriquezcamos con ellas

La vida no siempre parece ser justa. Seguramente te habrás preguntado alguna vez: ¿"Por qué precisamente a mí tuvo que sucederme esto?", o bien: "¿Merecía yo que me sucediera esto?".

A mi juicio, dolerse o arrepentirse de lo que sucedió en el pasado es uno de los peores pecados que podemos cometer, ya que no hay nada que podamos hacer al respecto. Se trata de algo que hicimos en algún momento. Mientras sintamos remordimientos, no podremos liberarnos de esto, lo cual significa que quedaremos enredados en el pasado sin posibilidad de liberarnos.

Alguna vez te habrás dicho: "¡Por qué no lo habré hecho! ¡Cómo pude dejarlo pasar! ¿Debiera haberlo hecho?". ¿Cómo te sientes cuando piensas en cosas que hubieses debido hacer o de las que te avergüenzas y desearías no haber hecho? Muy mal, ¿no es cierto? Seguramente te sorprenderá la definición que da el diccionario de la palabra arrepentimiento: *Un recuerdo acompañado de sentimiento de pérdida*. Cada vez que tienes un sentimiento de pérdida, te sentirás decepcionado.

Procura no arrepentirte más por sucesos del pasado. Por el contrario, aprende de ellos. Si lo haces, verás que te motivas de manera muy positiva. Al igual que tú, yo desearía cambiar muchas cosas, si pudiese volver atrás. Sin embargo, al menos por el momento, el ser humano no está capacitado para transportarse en el tiempo. No importa lo que hayas hecho o lo que pudo haberte ocurrido, deberías recordar el incidente con gratitud, en lugar de padecer un sentimiento de pérdida. ¿Por qué? Porque todo lo que nos sucede nos deja un mensaje. Los triunfadores y los fracasados se distinguen por el mensaje que extraen de los sucesos. Toma conciencia de que tu pasado te da la oportunidad de perfeccionarte y mejorar tu vida. Es tu fuente de referencia para el futuro.

¡Nútrete en esta fuente inagotable!

Reflexión N° 49

Cada día se despliega a tu vista un drama de la vida real. No te sientas defraudado; contémplalo con fascinación

La fuente más rica de mis pensamientos e historias es la experiencia que recojo a diario. En efecto, este libro se inspira en situaciones y dramas cotidianos que enfrenté en los últimos años.

El mensaje medular de la presente reflexión es el siguiente: no te sientas decepcionado, sino fascinado con las personas. Somos actores ambulantes. Cuando miro a una persona, percibo, a la vez, su drama de vida. Observo las arrugas de su frente, la expresión del rostro, la luz y la tristeza de sus ojos. Veo a alguien que vivió triunfos y derrotas para ocupar, en este momento, el lugar que ocupa. Puedo asegurarte que siempre quedo fascinado con mis descubrimientos.

Cuando logres pasar de la decepción a la curiosidad y la fascinación, tu debilidad se transformará en energía motivadora. Ya no serás un emisor de disgusto, sino de alegría.

¿Hasta qué punto te fascinan las personas que tienen "buena onda", que sonríen frecuentemente con simpatía? ¿Experimentaste, alguna vez, el estado de fascinación? ¿Estás sonriendo tú ahora con los ojos, con tu corazón? Excelente. Permanece, durante todo el día, en este estado de irradiación positiva. Repítelo mañana, pasado..., hasta el último día de tu vida. ¡Y no olvides ayudar a los demás a lograrlo. Pues *un día sin sonrisa es un día desperdiciado* (Carlitos Chaplín).

Reflexión N° 50

Cada día despierta una gacela en África. Ella sabe que para no ser devorada debe correr más rápido que el león más veloz. Cada mañana despierta un león en África. Sabe que para no morir de hambre debe correr más rápido que la gacela más lenta. La enseñanza es que, ya seas león o gacela, debes comenzar a correr cuando sale el sol

(Dr. David Molapo)

Amo esta frase, porque refleja el espíritu de la naturaleza de manera incomparable. Sea lo que sea, lo mejor para ti es mantenerte en movimiento.

Los leones morirán de hambre, si no corren tan rápido como pueden. Y nosotros, antílopes, seremos su almuerzo, si no corremos tanto como podamos. Mi consejo de hoy es que estés física y psíquicamente en movimiento. Como ves, ningún animal silvestre que viva suelto puede permitirse la pereza, la desidia, pues existe el peligro –diría más, la certeza– de que muera de hambre o sea devorado. ¿Qué haces para evitar que tu espíritu vaya muriendo de hambre y tu cuerpo sea devorado? No dejes para mañana lo que puedes hacer hoy. Si pierdes tiempo, estarás perdiendo también la cabeza.

Más vale que empieces a correr.

Reflexión N° 51

No se trata de que nos falta tiempo. Se trata de que tenemos mucho tiempo, pero no lo aprovechamos

(Lucio A. Séneca)

Conozco a muchas personas que trabajan de doce a catorce horas diarias, cinco o seis días a la semana, llegando a un total de ochenta horas semanales. ¿Significa esto que sus jornadas son todas exitosas? No, porque la disposición para trabajar duro no garantiza por sí sola el éxito.

Muchas de estas personas sienten, sin cesar, que ha quedado algo inconcluso o que, en algún lado, algo se está quemando. Esto hace que corran de un lugar a otro y trabajen constantemente presionados por el tiempo y con mala conciencia, por tener la sensación de que nunca concluyen nada satisfactoriamente ni trabajan en lo que es primordial y más urgente.

Mi jefe expresó en una ocasión esta exigencia: "Tomarse vacaciones no es profesional". Al oír esta afirmación, supe de inmediato que el hombre tenía un grave problema con el manejo de su tiempo. Seguramente conoces a alguien que parece girar todo el día como un hámster sobre su rueda, transpirando y resoplando por el esfuerzo, sin que por ello parezca avanzar.

Si esta persona resulta ser uno de tus colegas o tu jefe, ten mucho cuidado de no verte afectado ni dejarte contagiar por el síndrome del hámster. Un caso clásico es el de la persona aplicada y trabajadora, que aceita y lubrica bien la rueda para que se mueva sin roces, se alimenta bien para patearla durante más tiempo y aspira a otras formas de optimizar su rendimiento, pero le falta lo esencial. Nunca averigua en profundidad por qué es necesario patear esta rueda, qué alternativas existen y qué posibilidad hay, además de la rueda, de alcanzar mayor creación de riqueza y beneficio para el conjunto.

Haga lo que haga, su actividad se desarrolla en uno de los cuatro bloques de actividades que detallo en el cuadro siguiente. Todo lo que hagamos con nuestro tiempo puede clasificarse según estos dos parámetros: URGENCIA e IMPORTANCIA.

El diccionario *Webster* define "urgencia" como *la necesidad de actuar de inmediato*. Ejemplos de esto son el teléfono que suena, el timbrazo en la puerta de tu casa, el pedido de información inmediata acerca de un asunto. Son cuestiones relativamente fáciles de despachar y, a menudo, agradables, no obstante, suelen tener poca importancia y no inciden mayormente en el progreso hacia tu meta personal. Al atender asuntos urgentes, nos hallamos en actitud "reactiva", vale decir, en una actitud que no nos acercará precisamente a nuestra meta de éxito y mejor calidad de vida.

MATRIZ DE ACTIVIDADES Y MANEJO DEL TIEMPO

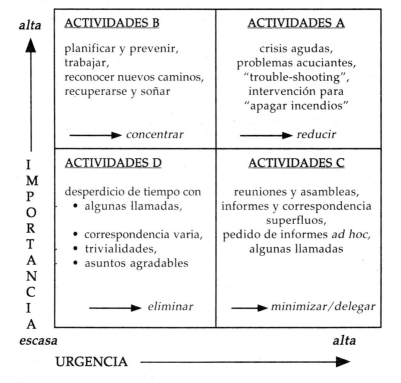

En cambio, si se trata de dar prioridad a la "importancia" de las actividades, debemos ser "proactivos" y actuar. La valoración de la importancia depende directamente de tu escala personal de valores y, por consiguiente, de los objetivos que te has fijado. En el marco de la importancia, aceleras una acción que te redituará y te aproximará gradualmente a tu objetivo.

Sin embargo, si todavía no estás seguro de lo que es realmente importante para ti y a qué metas aspiras, te convertirás en el juguete de otros, responderás a las prioridades de otros. Realizarás actividades urgentes, pero de ningún modo importantes, al menos no para ti. En ese caso, te encontrarás en el campo de "actividades C". Las consecuencias de este comportamiento se ilustran en la siguiente matriz de manejo de resultados y tiempo: la irresponsabilidad total y la dependencia de otras personas.

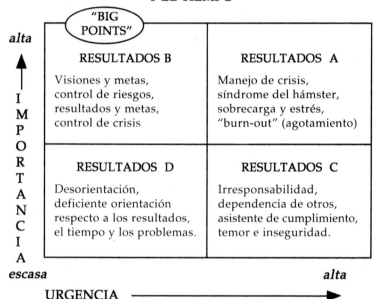

MATRIZ DE MANEJO DE LOS RESULTADOS Y EL TIEMPO

En el apartado "Resultados A" de la matriz de manejo de resultados y tiempo, reconocerás al típico extintor de incendios. Esta categoría de administradores pasa la mayor parte de su tiempo ocupado en actividades tanto urgentes como importantes, es decir, en hallar soluciones de corto plazo a los problemas, hasta que aparece otro foco de incendio que requiere atención inmediata, seguido por otro problema urgente, y así sucesivamente. Como verán, estos administradores de crisis son impulsados en su mayor parte, si no por entero, por las crisis. Para ellos, entrar en crisis es sólo una cuestión.

Las personas de éxito se caracterizan por el hecho de que antes de hacer las cosas bien se concentran en los asuntos correctos. No dedican, mejor dicho, no desperdician su tiempo ni su energía en las actividades C y D, pues de antemano saben que, sean urgentes o no, carecen de importancia. La mayor parte de su tiempo lo insumen las actividades de tipo B, ya que, en esta esfera, se encuentra la verdadera palanca del éxito, con la cual también es posible manejar mucho mejor y de manera más coordinada los problemas y las crisis de la esfera A. Concentrándote en las actividades B, tomas medidas, en cierto modo, preventivas, que impedirán de entrada que surjan conflictos mayores en el ámbito del apartado A.

Seremos mucho más eficientes, si nuestro trabajo no está orientado hacia los problemas (como en el apartado A), sino hacia las posibilidades (como en el apartado B). Las actividades de B no son urgentes, pero sí importantes: establecen contactos y relaciones; planifican y preparan el terreno; se relajan, sueñan y descubren nuevas posibilidades y principios de solución; elaboran bosquejos. Lamentablemente, por lo general, ocurre que, en el preciso momento en que están empeñadas en realizar alguna de estas actividades, suena el teléfono, deben asistir a una reunión o una asamblea, responder correspondencia, etc., de modo que las actividades B quedan en la nada.

Si necesitas más tiempo, sólo lo podrás obtener de las esferas C y D, si aprendes a emitir con frecuencia un

NO firme y claro, cuando te presentan asuntos urgentes. Pues, ¿de qué sirve ocuparse de asuntos urgentes, si no son de gravedad y suelen perder importancia al día siguiente de ser solucionados?

En resumen, puede decirse que:

1. Debes evitar, por todos los medios las actividades en la esfera D. En esta esfera, tu mejor amigo es el cesto de papeles.
2. Es conveniente que limites, en la medida de lo posible, las actividades de breve plazo de la esfera C y reduzcas al mínimo el potencial que has puesto a disposición de éstas.
3. Concéntrate al máximo en las actividades B, ya que es allí donde puedes hacer los "big points". *Lo esencial*, decía Tommy Haas, en una entrevista, *son los big points. Es indispensable que los ganes. Verás que lo demás se dará casi por sí solo.* Es bien simple: el que hace "big points" en tenis gana el partido. En la vida, los "big points" son las decisiones, sucesos y pasos importantes que harán de ti un ganador. También tú te mueves cotidianamente en una especie de juego, como lo ilustra la reflexión 59. Y si deseas ganarlo regularmente, debes esforzarte por hacer "big points" en la esfera B.
4. Las crisis de la esfera A pueden reducirse en gran parte acudiendo a las medidas preventivas de la esfera B. Para ello, en la esfera A, únicamente hace falta disponer de tiempo suficiente para el "trouble-shooting", es decir, la mediación en crisis realmente inesperadas y en problemas que, de hecho, nunca pueden evitarse por completo.

Reflexión N° 52

Compárate con los mejores. Lo que no se compara no puede mejorarse

Las personas exitosas dejan huellas que, por lo general, son mensurables. Compárate con los mejores y aprende de su éxito. Más allá de esto, lo interesante es que no sólo debemos procurar imitar a personas exitosas y aprender de ellas, sino también a las que han fracasado, sacando enseñanzas de los errores. Utiliza este instrumento del que han hecho uso muchas personas que han triunfado en la vida, pues se produce el fenómeno siguiente:

La persona de éxito siempre aprende más del fracasado que éste del triunfador.

¿Qué quiere expresar este pensamiento? Si nos guiamos por una frase que se atribuye a Galileo Galilei, significa que las personas de éxito no sólo miden lo que es cuantificable y relativamente fácil de medir, sino que, además, vuelven mensurable y comparable aquello que, de primera intención, no parece serlo.

No hay sosiego para los que desean ser los mejores. ¿Pero cómo evalúan su éxito? Respuesta: recurriendo a marcas fijas, a hitos, comparándose con los mejores del mercado. ¿Qué aspectos de tu vida evalúas? ¿Con quién te comparas? Descubre a las personas más sobresalientes de tu entorno y compárate con ellas. No importa quiénes sean; no te dejes influir por lo simpáticas o antipáticas que puedan resultarte. Lleva adelante tu cotejo sin prejuicios, porque precisamente

> *las personas inteligentes también aprenden del enemigo* (Aristóteles).

Desarrolla sensibilidad y aptitud para percibir y observar todo lo que ocurre a tu alrededor, y luego avanza un paso más y analiza estas observaciones, comparando, clasificando y relacionando todo con tus circunstancias personales. Entre otras cosas, esto te conducirá a comprobaciones interesantes, como las que realiza el Ejército de Salvación en su periódico *Grito de guerra*, del 24 de octubre de1992:

a) Los que no han tenido éxito, los fracasados, los perdedores –permítaseme esta simplificación– dicen: "Nadie puede lograrlo".
Los mejores, los exitosos, los triunfadores, proponen: "Hagamos un intento".

b) Cuando el perdedor comete un error, expresa: "Seguramente, no fue mi culpa".
Cuando el triunfador comete un error, afirma: "Me equivoqué".

c) Los perdedores eluden el problema y no lo pueden superar. Los triunfadores superan el problema.

d) El perdedor hace promesas. El triunfador contrae compromisos sólidos.

e) El perdedor manifiesta: "No soy tan malo como muchos otros". El triunfador declara: "Soy bueno, pero no tanto como debería serlo".

f) Los perdedores tratan de empequeñecer a los que son superiores a ellos. Los triunfadores se esfuerzan por aprender de los que son superiores a ellos.

g) El perdedor dice: "Siempre se hizo así". El triunfador opina: "Debe de haber un camino mejor que éste".

Busca, desde hoy mismo, la vara con la que has de compararte. Compárate con las personas de excelencia que conozcas. Esto te proveerá de una meta potencial. Trata de ser el mejor dentro de tus posibilidades.

Reflexión N° 53

El amor propio es el comienzo de un romance maravilloso
(Oscar Wilde)

La revelación psicológica más importante de este siglo es que el ser humano se convierte en la imagen que tiene de sí mismo. Esto implica uno de los mayores desafíos para muchas personas, que no creen estar predestinadas a salir de la mediocridad. Se ven a sí mismas como seres normales, ordinarios e, incluso muchas veces, inferiores a los demás.

En realidad, no es importante quién eres tú o de dónde provienes. Cree en tu propia grandeza. Deja de lado el concepto que has tenido de ti mismo en el pasado y decide ser tu propio héroe. He podido observar que la mayoría de nosotros nos interesamos por conocer la historia de seres humanos que recorren caminos nuevos y riesgosos, y son recompensados por hacerlo. O de aquellos que superan obstáculos estáticos y vencen cualquier mal que se les presente. La incansable lucha cotidiana es el néctar más dulce de la vida.

Prepara tu cuerpo y espíritu para cualquier contingencia de la vida y supérala. Es fácil trepar una loma o rodearla. Recuerda que los héroes escalan el Monte Everest. Encuentra tu propia montaña, el desafío personal en el cual piensas hace mucho y que vienes postergando día a día. Al detenerte a reflexionar sobre este asunto, acabas de dar el primer paso en dirección a la cumbre.

Ten en cuenta esto: si en la batalla cotidiana, una montaña llega a parecerte demasiado alta o escarpada, sobreestima tus capacidades. Advertirás que la única pregunta que se te planteará en el futuro será: ¿Por qué esperé tanto tiempo para hacerlo?

Reflexión N° 54

Cuando luchas por alcanzar la meta, estás ayudando a otros a alcanzar la propia

No podemos ser mejores de lo que es el conjunto. En algún momento dado, todos dependemos de otras personas.

Sea en una nación, una empresa o una familia deberíamos procurar ser algo más que individuos aislados. En el mejor de los casos, constituimos un verdadero equipo. La palabra "equipo" significa en realidad que *todos avanzamos mejor juntos.*

¿Eres un jugador en un equipo? ¿Eres de las personas que ayudan a sus clientes, colegas, conocidos y parientes sin esperar retribución alguna? Si tu respuesta es negativa, sufrirás cuando llegue el momento de necesitar el apoyo de otros.

Uno de los planteos centrales de este libro es el siguiente: si estuvieses en un apuro y necesitases dinero, compañía o apoyo, ¿a cuántas personas podrías acudir que te dieran una mano sin pensarlo dos veces, a cambio de todo lo que tú hiciste por ellas en el pasado?

Si no te viene a la mente ningún nombre, te encuentras en situación extremadamente vulnerable.

¿Sabías que la característica primordial de las personas exitosas y satisfechas es su capacidad de establecer una trama de relaciones? Examinan sus relaciones personales y profundizan en ellas, porque conocen su verdadero valor. ¿Haces tú lo mismo? Al referirme a una trama de relaciones, pienso naturalmente en contactos sinceros y francos, no en estructuras de tipo mafioso ni en alguna variante de nepotismo o "amigocracia".

Aprende, pues, a valorar las tramas sociales y esmérate por desarrollarlas, tanto cuantitativa como cualitativamente. Puedes estar seguro de que te señalarán nuevos caminos y posibilidades.

Reflexión N° 55

Dos cosas hay que son perjudiciales para el que quiere ascender los peldaños de la felicidad: Callar cuando es el momento de hablar y hablar cuando hay que callar

(Friedrich M. von Bodenstedt)

Había una vez un individuo envidioso, que difundía mentiras acerca de un hombre sabio. Cuando tomó conciencia de lo que estaba haciendo, se arrepintió, fue a donde estaba el hombre sabio y le pidió que lo perdonase. Le preguntó qué podía hacer para reparar el daño causado.

El hombre sabio le ordenó que recogiera todas las plumas de ganso que encontrara y las arrojara al viento. Así lo hizo el hombre envidioso. "¿Qué quieres que haga ahora?", le preguntó después. "Ahora tráelas de vuelta", contestó el hombre sabio. Cuando el envidioso replicó que eso era imposible, el sabio le dijo: "Así como te es imposible traer las plumas de vuelta, es imposible que retires tus palabras. El daño está hecho".

¿Alguna vez has hablado mal de alguien? ¿Has mentido acerca de alguna persona para beneficiarte?

¿Acusaste a alguien de un problema determinado del que hubieses tenido que hacerte tú responsable?

Mi conclusión al respecto es la siguiente:

Cada vez que calumnias a alguien destruyes una parte de tu propio ser.

Todo el que miente, miente dos veces: en primer lugar, se miente a sí mismo; en segundo lugar, le miente al otro.

Aun más, te garantizo que, tarde o temprano, el aludido se enterará de lo que tú has dicho y se volverá contra ti, junto con toda tu red de relaciones personales. ¿Vale la pena tal pérdida?

Decide ya mismo que no hablarás mal de nadie, sea tu competidor, tu adversario, tu colega, tu cliente o tu vecino. Si no tienes nada bueno que decir, limítate a estas dos palabras: "Sin comentario".

No nos engañemos. Tengamos presente que:

Un juicio puede rebatirse, pero un prejuicio jamás (Marie von Ebner-Eschenbach).

Reflexión N° 56

Lo que tenemos por delante y lo que dejamos atrás es insignificante en comparación con lo que está dentro de nosotros

(Oliver Wendell Holmes)

Una sola chispa basta para encender un fuego. Un ser humano dotado de coraje puede entusiasmar a cientos de individuos. Nunca deja de impresionarme el poder de una sola persona para cambiar la vida de muchas otras. No me refiero únicamente a personalidades como Nelson Mandela, Martín Luther King o Mahatma Ghandi, sino al sinnúmero de seres ignotos que he conocido y viven entre nosotros, que han tenido éxito en la conducción de una organización, congregación, comunidad de intereses, iniciativa ciudadana o familia y han colaborado activamente con ella.

¿Ha visto la película de Steven Spielberg, *La lista de Schindler*? Poco antes del final del film, aparece un anciano que dice: *El que ha salvado aunque más no sea una vida ha salvado a toda la humanidad*. En otras palabras, si tú cambias la vida de una sola persona en sentido positivo, habrás hecho una gran diferencia en el mundo.

En mi escala de valores, incluyo el cometido de "hacer el cambio". Es una de las causas principales por las que he escrito el presente libro. Me propuse hacer el cambio en la vida de las personas que lean, comprendan e incorporen su contenido. El solo pensar que esto se produzca me colma de alegría, y me motiva a seguir adelante y hacer frente a todos los obstáculos y contrariedades.

Constantemente, se me hace evidente el poder que tiene una persona sola de modificar el destino de una empresa o comunidad entera. Nunca como hoy ha habido tal necesidad de héroes que se comprometan con la sociedad y con el medio ambiente y reconozcan que el dinero no puede comerse.

> *Sólo cuando se haya talado el último árbol, envenenado el último río y pescado el último pez se darán cuenta de que el dinero no se puede comer.*

A los doce años, tuve mi primer encuentro con estas palabras de los indios Cree, que *Greenpeace* adoptó como su lema. Tuvieron sobre mí un enorme influjo, al abrirme los ojos y los demás sentidos.

La mayoría de las personas son demasiado temerosas y cómodas como para ponerse de pie y expresar su opinión para que sus intereses sean tomados en cuenta. Pretenden que sea otro el que lo haga en su nombre.

Mi consejo es el siguiente: Sé tú quien responda a tal exhortación. Sé tú la persona que libere su poder y ayude a los demás. Sea cual sea tu comunidad, tu empresa, tu familia, ocupa el lugar vacío allí donde lo consideres necesario. Sólo descubrimos nuestros verdaderos talentos cuando se nos hace imprescindible utilizarlos.

Reflexión N° 57

No basta con tener visiones. Si deseamos hacerlas realidad, es preciso tener el valor de creer en ellas

La vida se encoge o se estira en relación directa con nuestro coraje (Anais Nin).

El coraje es uno de los factores de éxito primordiales en el avance hacia nuestra libertad individual. En esta reflexión, volveré a exponer las afirmaciones principales relacionadas con el tema del coraje. Considera cada una de las recomendaciones y determina cuáles son las oportunidades nuevas que se te pueden dar con sólo poner de manifiesto más valentía, cada día un poco más.

Ten el valor de:

- decir "no", cuando todos esperan que digas "sí". *Jamás contraigas compromisos sin entusiasmo o convicción, pues sacrificarás el éxito entero* (Erich J. Lejeune, empresario y asesor de motivación);

- reconocer la envidia oculta detrás de la falsa crítica de otros;

- manifestar abiertamente tus deseos y sueños, aunque más de uno sonría al escucharlos;

- aprender de las derrotas y situaciones penosas, y valerse de ellas para desarrollar tu fortaleza interior;
- formarse siempre una opinión propia, en lugar de ser un producto "yo- también", puesto que *si dos personas siempre piensan igual, una de ellas está de más* (Winston Churchill);
- creer más en tus propias capacidades y aptitudes que en "la cháchara sabihonda con índice alzado" de otros;
- defenderse del egoísmo de los demás con una dosis sana de egoísmo propio;
- admitir errores cuando las decisiones son fallidas y disculparse sinceramente por comportamientos desatinados;
- no dejarse desviar de la propia visión y exigir el derecho a elegir el camino propio. El que sólo puede lo que todos pueden y sólo sabe lo que todos saben no podrá hacer más de lo que todos pueden y saben;
- abandonar a diario tu zona de confort personal, para ampliar paulatinamente el radio de acción.

Reflexión N° 58

Los ejecutivos deben conformar el entorno de sus colaboradores, de tal modo que se preserve la motivación

(Uwe Renald Müller)

¿De qué manera? Apenas te conviertes en parte integrante de un equipo o incluso eres responsable del personal, te resultará insuficiente motivarte únicamente a ti mismo. Para asegurar el éxito, es imprescindible que todos los demás se suban al mismo tren de motivación, pues una tripulación entera, un equipo, un club o una asociación no puede ser más fuerte ni más exitosa que el miembro más débil de la cadena de motivación.

Para concluir, vuelvo a exponer los siete principios básicos de la motivación, para que el lector tenga una visión de conjunto.

- Toma conciencia del enorme efecto de palanca que tiene la motivación sobre el rendimiento y el éxito: rendimiento = motivación x (capacidades + destrezas).

- Incrementa la motivación mediante tareas, haciendo que:

    a) coincidan la responsabilidad y las competencias,

b) se consideren las aptitudes e inclinaciones,
  c) las exigencias no sean mezquinas ni excesivas,
  d) se reconozca y fomente la motivación propia.
- Motiva a través del método,
  a) exponiendo con claridad el sentido de la actividad,
  b) presentando los objetivos con precisión y propiedad,
  c) subdividiendo el objetivo esencial en varios objetivos intermedios limitados y concretos (hitos),
  d) haciendo notar a todos los éxitos parciales alcanzados, tomándose y dando al equipo tiempo suficiente para disfrutarlo.
- Luego de lograr un éxito, sea total o parcial, refuerza la motivación,
  a) aplicando, más allá de unas pocas "palabras cálidas", el incentivo de la recompensa en forma de elogios, premios, mayor responsabilidad, etc., para estimular la motivación futura,
  b) no limitando tu reconocimiento a los que lograron altos rendimientos y a los ganadores, a menudo improductivos, que cumplen horas suplementarias.
- Aun al fracasar un emprendimiento o producirse una situación inesperada, da prioridad a la motivación,
  a) realizando un análisis de las causas del percance, en lugar de repartir culpas,

b) limitando el examen retrospectivo ("feedback"), que se pregunta: ¿por qué salieron mal las cosas?, y prolongando e intensificando el examen con miras al futuro ("feedforward"), que se pregunta: ¿qué podemos hacer para mejorar la situación en el futuro?,

c) tomando en conjunto las medidas idóneas para proceder.

- Estimula la motivación, haciendo participar a las personas que serán afectadas por las decisiones,

  a) anunciándoles con franqueza lo que ya está decidido y señalándoles los espacios en los cuales es posible y/o deseable que participen,

  b) delegando tareas y responsabilidades donde te sea posible, ampliando paulatinamente el radio de acción del equipo,

  c) activando, "ordeñando" e incluyendo al máximo el conocimiento y las experiencias existentes de las personas implicadas,

  d) no permitiendo participaciones ficticias.

- Sé tú un ejemplo,

  a) armonizando tus discursos con tus acciones,

  b) respetando los compromisos realizados,

  c) no abusando ni haciendo uso impropio de la confianza depositada en ti,

  d) dando pruebas de coraje civil cuando llega el momento de defender a tu equipo, particularmente frente a tus superiores,

  e) admitiendo con sinceridad tus propios errores y debilidades.

Éstas son las siete reglas de oro de la motivación en equipo, que te ayudarán a maximizar el gusto por el trabajo conjunto y minimizar la frustración en momentos difíciles.

Reflexión N° 59

Toda la vida es un juego, y nosotros somos los jugadores

En cada una de las situaciones cotidianas que vives, te hallas en una posición determinada en la que, o bien escoges o te adjudican un papel que debes desempeñar. El noventa por ciento de nuestras actividades y comportamientos se desenvuelven de la manera que graficamos en el cuadro de la página 171.

Si te agrada el juego, participas en él con entusiasmo y asumes un compromiso. Éstos son los requisitos esenciales para que el juego transcurra sin mayores problemas. En el gráfico que te presento, el punto esencial y decisivo es la situación que se crea cuando, en su totalidad o en parte, el juego no te agrada. En este caso, puedes elegir entre:

a) renunciar a él, abandonarlo de inmediato sin siquiera intentar jugarlo,

o bien:

b) aceptar el desafío.

Si estás a punto de abandonar el juego, deberías plantearte el siguiente interrogante: Si volviese a presentarse la misma situación, ¿querré abandonar el juego nuevamente? ¿O sería mejor permanecer en él para aprender algo de esta situación, que me sirva para la próxima?

Si aceptas el desafío del juego, puedes asumir diversos papeles. Si juegas como rebelde o saboteador puedes calcular que, a la larga, sucederá lo siguiente: a la persona rebelde y obstinada, que piensa por su cuenta, se la fomenta; a los intrigantes y maquinadores se los elimina. Con respecto al papel de víctima, creo haberte vacunado contra esta lacra en el curso de las últimas cincuenta y ocho reflexiones. El único papel recomendable es el del jugador que juega limpio. En esta posición, logras las mejores experiencias para los juegos que la vida te deparará en el futuro.

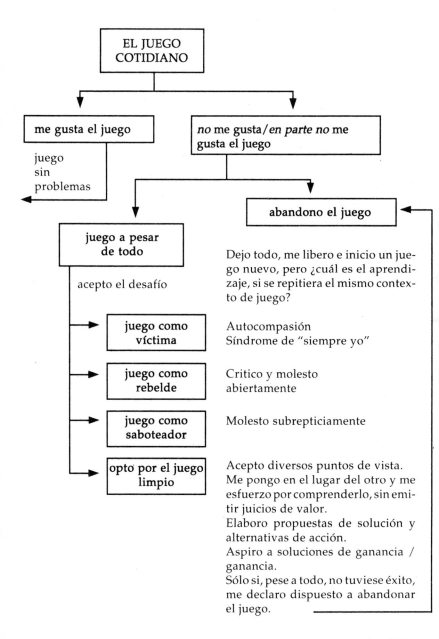

Última reflexión

El cansancio es el sentimiento más placentero que puede tenerse después de una jornada de dura labor; cuando sabes que has entregado todo lo que tenías y aun un poco de lo que no tenías

Espero que mis reflexiones, comentarios jocosos y planteos críticos hayan sido de tu agrado. Por mi parte, disfruté enormemente de exponerlas para ti. Día a día, vivía con singular expectativa la redacción de este libro, al mismo tiempo que el esfuerzo por transmitir mis observaciones de la mejor manera posiblemente supuso un considerable desgaste de energía.

Mi propósito era dar forma a cada uno de mis consejos para que tú hallaras en ellos una inspiración y un desafío. La estructura del libro permite que lo abras en cualquier página y releas la reflexión que ilumine algún día sombrío o gris de tu vida. Llévalo contigo a donde vayas y compártelo con otros. Lo he escrito para la persona que descubre sus propias oportunidades y valores y desea seguir desarrollándolos.

Por más frustración que puedas experimentar en ocasiones, toma conciencia de que tú tienes un lugar bajo el sol y que es un buen lugar, pues si te detienes a analizar el estudio que las Naciones Unidas efectuaron en la década de los noventa, podrás comprobar que perteneces al veinte por ciento –si no al uno por ciento– de seres más favorecidos de esta Tierra.

Partiendo de los cerca de seis mil millones de habitantes del mundo, las Naciones Unidas proporcionan las relaciones existentes en él, haciendo de cuenta que se trata de una aldea de cien almas. Los resultados son los siguientes:

- En la aldea, hay 57 asiáticos, 21 europeos, 14 americanos y 8 africanos;
- existen 52 mujeres para 46 hombres;
- 80 habitantes viven en viviendas primitivas;
- 50 personas están subalimentadas;
- 70 son analfabetos, y sólo uno accedió a la educación superior;
- hay una sola computadora.

*En nuestra vida,
no se nos presentan más que tres opciones:
progresar, quedar estancados o retroceder.
Sólo tú decidirás
si has de vivir tu vida
como la habías imaginado.*

Apéndice

Alocución del cacique Seattle al gobernador de Washington (1854).

> El gran cacique en Washington hace saber que desea comprar nuestra tierra. ¿Pero cómo es posible comprar la tierra o el cielo?
> Esta manera de ver las cosas nos es ajena. Si no poseemos la frescura del aire ni el brillo del mar, ¿cómo podrían comprárnoslos?
> Cada trozo de esta tierra es sagrado para mi pueblo. Cada resplandeciente hoja de pino, cada ribera arenosa, cada neblina en los bosques umbrosos, cada claro en el bosque, cada zumbido de insecto es sagrado en los pensamientos y experiencias de mi pueblo.
> Somos parte de la tierra, y la tierra es parte nuestra. Las flores perfumadas son nuestras hermanas; los ciervos, el caballo, la imponente águila son nuestros hermanos. Las alturas rocosas, las verdes praderas, el calor del cuerpo de nuestros ponis –y de las personas–, todos pertenecen a la misma familia. De modo que si el gran cacique en Washington nos hace saber que desea comprar nuestra tierra está pidiendo mucho de nosotros.
> El agua que espejea, que se mueve en arroyos y ríos, no es sólo agua, sino la sangre de nuestros antepasados. Si les vendemos la tierra, deben saber que es sagrada y que todo fugaz centelleo en

el agua clara de los lagos cuenta historias de acontecimientos y tradiciones de la vida de nuestro pueblo. El murmullo del agua es la voz de nuestros antecesores, hombres y mujeres.

Los ríos son nuestros hermanos. Ellos sacian nuestra sed. Los ríos transportan nuestras canoas y alimentan a nuestros hijos. Si vendemos nuestra tierra deben recordar esto y enseñar a sus hijos que los ríos son nuestros hermanos y los suyos. Y, de ahora en adelante, deben mostrarse respetuosos y bondadosos con los ríos, como lo son con un hermano.

Sabemos que el hombre blanco no comprende nuestro modo de ser. Para él una parte de la tierra es igual a otra, pues es un extraño que llega en la noche y arrebata a la tierra lo que necesita. El hombre blanco nunca está satisfecho, siempre quiere más. La tierra no es su hermana, sino su enemiga, y una vez que la conquistó sigue su insaciable avance.

Trata a su madre, la tierra, y a su padre, el cielo, como objetos que pueden comprarse y saquearse, que pueden venderse como ovejas o brillantes perlas. Su hambre devorará la tierra y no dejará atrás más que desiertos.

Su Dios no es nuestro Dios. Somos dos razas diferentes con un origen y un destino propios. No tenemos muchas cosas en común. Para nosotros la ceniza de nuestros antepasados es sagrada, y su tumba es tierra santa. Ustedes se alejan de las tumbas de sus antepasados y parece no pesarles. Su religión fue escrita por los dedos de hierro de su Dios sobre tablas de piedra, para que no la olviden. El hombre de piel roja nunca la pudo entender ni conservar en la memoria.

Nuestra religión está conformada por las tradiciones de nuestros antepasados, por los sueños que nuestros ancianos recibieron del Gran Espíritu en las majestuosas noches y por las visiones de nuestros caciques, y está escrita en el corazón de nuestro pueblo.

Sus muertos dejan de amarlos a ustedes y su tierra de origen, apenas pasan por el portal de la muerte y se pierden en la lejanía más allá de las estrellas. Nuestros muertos nunca olvidan el hermoso mundo que les obsequió la vida.

No hay silencio en las ciudades de los blancos. No hay un lugar donde pueda oírse el rumor de las hojas al desplegarse en primavera o el zumbido de los insectos. Qué es la vida si no puede oírse siquiera el grito solitario del zorro ni la riña de las ranas en el estanque por las noches. Soy un piel roja y no los comprendo. El indio ama el suave susurro del viento que roza la superficie del estanque y el olor del viento, purificado por la lluvia del mediodía o cargado con el perfume de los pinares.

El aire es precioso para el hombre rojo porque todas las cosas comparten el mismo hálito de vida: el animal, el árbol, el ser humano. El hombre blanco parece no percatarse del aire que respira. Como una persona que agoniza hace varios días, está insensibilizado frente al hedor.

Debemos pensar bien si aceptaremos su exigencia de venderles la tierra. Si nos decidimos a aceptar, será bajo una condición:

El hombre blanco tendrá que tratar a los animales de la tierra como a sus hermanos. ¿Qué sería el hombre sin los animales? Si todos ellos desaparaciesen, el hombre moriría por soledad de espíritu. Lo que sucede a los animales no tarda en sucederle también al hombre. Todas las cosas están relacionadas. Lo que le sucede a la tierra también les sucede a los hijos e hijas de la tierra. Enseñen a sus hijos lo que nosotros les enseñamos a los nuestros: la tierra es nuestra madre. La tierra no pertenece a los hombres, sino que los hombres pertenecen a la tierra. Todo está relacionado, como la sangre que une a una familia.

Debemos pensar bien si aceptaremos su exigencia de venderles la tierra. Mi pueblo pregunta: ¿Qué es lo que el hombre blanco quiere comprar? ¿Cómo es posible comprar el cielo o el calor de la tierra o la celeridad de los antílopes? ¿Cómo habríamos de venderles estas cosas y cómo habrían de comprarlas ustedes?

Para mi pueblo cada trozo de este suelo es sagrado. Cada montaña, cada valle, cada planicie y cada bosque se ha vuelto sagrado por algún suceso triste o afortunado del pasado. Incluso las piedras, que parecen mudas y sin vida cuando sudan al sol en la costa silenciosa, nos recuerdan hechos conmovedores asociados a nuestro pueblo. El suelo sobre el que nos encontramos en este momento recibe nuestros pasos con mayor ternura que los suyos, porque está saturado de la sangre de nuestros antepasados, y nuestros pies descalzos sienten el contacto bienhechor.

Sabemos que si no vendemos, vendrá el hombre blanco con sus armas a quitarnos nuestra tierra. El día y la noche no pueden convivir.

El hombre rojo siempre ha huido ante el avance del hombre blanco como la niebla matutina huye del sol. Pienso que mi pueblo aceptará la propuesta y se retirará a la reserva que ustedes nos ofrecen. De esta manera, ambos viviremos en paz.

Su pueblo es numeroso como el pasto que cubre las extensas praderas. Nuestro pueblo está conformado por unos pocos y se parece a los árboles aislados en la llanura azotada por la tormenta. Tiene poca importancia dónde terminaremos nuestros días. No serán muchos. Apenas algunas lunas más, algunos inviernos más, y no quedará ninguno de los descendientes de las multitudes que, en otros tiempos, recorrieron esta extensa tierra bajo la protección del Gran Espíritu. Ninguno quedará para llorar la muerte de un pueblo que otrora fue más poderoso y esperanzado que el suyo.

También los blancos pasarán, acaso antes que todas las demás razas. Sigan contaminando su lecho, y un día se asfixiarán en sus propios desechos. Pero, en el momento de su ocaso, brillarán esplendorosos, iluminados por la fuerza del Dios que los trajo aquí y determinó que dominaran sobre esta tierra y los hombres rojos. Este designio es un enigma para nosotros.

Cuando se hayan matado todos los búfalos, domado todos los caballos salvajes; cuando los recovecos más secretos del bosque estén impregnados de olor humano y los verdes montes envilecidos por elocuentes alambradas, preguntarán:

¿Dónde está la espesura?
¡Desaparecida!

¿Dónde está el águila?
¡Desaparecida!

Donde acaba la vida comienza la supervivencia.
Parece increíble que éstas sean las palabras y visiones de un hombre hace apenas ciento cincuenta años. Me pregunto y te pregunto: ¿qué hemos aprendido desde entonces?

Todo lector atento se cuestionará, después de leer estas últimas páginas, qué más debe pasar para que *"uno"* aprenda del pasado y saque enseñanzas para el presente y el futuro. Pero resulta que ese "uno" anónimo somos "nosotros", es cada uno de nosotros. De ahí que deseo exhortar a cada uno de ustedes a que haga el cambio. Saca conclusiones y enseñanzas de lo que ves a diario y comprométete con esto, para que mañana se repita lo que tú apruebas, y aquello que desapruebas no vuelva a suceder.

Algunas organizaciones que podrían serte de ayuda son *Greenpeace, WWF-World Wildlife Fund, Amnesty International, Asociación Zoológica de Francfort, BUND* y muchas agrupaciones y organizaciones locales, nacionales e internacionales, que, integradas por personas con elevado grado de compromiso, se dedican a respetar y hacer más digna la vida y convivencia entre las personas, las personas y los animales, las personas y la naturaleza en el planeta.

También ésta es una parte importante de la libertad personal, pues tú sabes que, cuando hablamos de libertad personal, no nos referimos únicamente al hecho de poder hacer lo que queremos sin consultarle a otro o perjudicándolo, sino, por el contrario, conservando una profunda satisfacción interior, y realizando, así, una acción de auténtico provecho para el prójimo.

Índice

Prefacio o cómo y por qué surgió este libro 5
   a) Criterios básicos del presente libro 5
   b) ¿Por qué éste es un libro diferente? 6
   c) ¿A quién va dirigido el libro? 7
   Agradecimientos 8
Reflexiones que nos guiarán en el camino hacia la libertad personal y el éxito en la vida 9

Reflexión N° 1
¿De dónde vengo, hacia dónde quiero ir? O bien: ¿Quién soy, quién quiero ser? 11

Reflexión N° 2
Sueños. El combustible de tu vida 13

Reflexión N° 3
La meta de la vida es que nos fijemos metas de vida .. 15

Reflexión N° 4
No te esfuerces por ser mejor que los demás, sino por ser único en lo que haces 19

Reflexión N° 5
El deseo sin disciplina no es un deseo sincero 25

Reflexión N° 6
¿Conoces tu propia escala de valores? 29

Reflexión N° 7
Para tener éxito es necesario ser ciego en ocasiones. De esta manera, no veremos todo lo que podría salir mal 33

Reflexión N° 8
Un fracaso nos brinda la oportunidad de hacer las cosas mejor la próxima vez (Henry Ford)................... 37

Reflexión N° 9
Nada es malo o bueno en sí; es el pensamiento el que lo hace tal (William Shakespeare)........................ 39

Reflexión N° 10
Nunca aceptes el consejo de una persona que no está en el lugar en el que te gustaría estar (Bodo Schäfer) .. 41

Reflexión N° 11
Realizar ventas exitosas no es un arte, es pura pasión 43

Reflexión N° 12
Cada día es tu vida entera en miniatura..................... 45

Reflexión N° 13
Lo mejor del futuro es que un día sucede al otro...... 47

Reflexión N° 14
La vida es demasiado seria como para tomarla en serio. ¡En serio lo digo! 51

Reflexión N° 15
Nos transformamos en lo que estamos convencidos de que somos 53

Reflexión N° 16
Los fracasos no existen, tan sólo existen los resultados inesperados 55

Reflexión N° 17
No permitas que las palabras de otros te quiten fuerzas 59

Reflexión N° 18
El pesimista ve un problema en toda oportunidad que se le presenta; el optimista ve una oportunidad

en todo problema que se le presenta (Winston Churchill) 63

Reflexión N° 19
La vida no es algo que te sucede a ti. Es algo que tú haces que te suceda. La vida es una decisión. Tómala 67

Reflexión N° 20
La vida siempre te dará una segunda oportunidad, una tercera, una cuarta, etc. 69

Reflexión N° 21
La facultad de ideación es más importante que el conocimiento en sí, pues idear es lo que hacemos a partir del conocimiento (Albert Einstein) 71

Reflexión N° 22
Lo que vale la pena hacer vale la pena hacerlo bien (Lord Stanhope Chesterfield) 73

Reflexión N° 23
Nunca se logró nada grande sin entusiasmo (Ralph Waldo Emerson) 75

Reflexión N° 24
La vida no recompensa los comienzos; únicamente la perseverancia (Catalina de Siena) 79

Reflexión N° 25
Sin nuestros errores no somos absolutamente nada (Arthur Miller) 83

Reflexión N° 26
El principio de la naturaleza: Las deficiencias son perfecciones, y nada es justo, sino que se encuentra en equilibrio 87

Reflexión N° 27
El principio del camaleón: Adáptate al máximo a tu

entorno, pero sé fiel a tus colores naturales 89

Reflexión Nº 28
El principio del águila: Toma distancia de tu entorno y mantén la necesaria visión de conjunto 91

Reflexión Nº 29
El principio del tiburón: Para llegar a ser el mejor predador, no hay que quedarse dormido ni perder el instinto jamás 93

Reflexión Nº 30
El principio del bogavante: A veces, empujamos a los otros hacia abajo, porque esto nos hace sentir bien 95

Reflexión Nº 31
Si transmites energía negativa, terminarás tú mismo en un callejón sin salida 97

Reflexión Nº 32
Los talentos que no se utilizan se pierden 99

Reflexión Nº 33
La cordialidad es como un bumerang: El que se acerca a los demás con cordialidad recibirá cordialidad 101

Reflexión Nº 34
Revive la despreocupación de la niñez una vez, y otra y otra 103

Reflexión Nº 35
El cúmulo de información no conduce automáticamente a un mayor conocimiento 105

Reflexión Nº 36
La vida es un espejo en el que se reflejan nuestros estados interiores 109

Reflexión Nº 37
Las decisiones más importantes se toman con el co-

razón y se justifican con la cabeza 109

Reflexión Nº 38
La comunicación será más ágil, si cambias tus mocasines por los del otro 113

Reflexión Nº 39
¿Qué responderías si, al final de tu vida, alguien te preguntase: *¿Has sido auténtico? ¿Te has mostrado como eras?* 115

Reflexión Nº 40
La confianza en sí mismo es un puente entre el país de nadie y el paraíso 117

Reflexión Nº 41
El miedo es tan sano para el espíritu como el baño lo es para el cuerpo (Máximo Gorki) 119

Reflexión Nº 42
Las seis palabras más importantes en toda relación son: *Admito que he cometido un error* 123

Reflexión Nº 43
Para que surja lo posible es preciso intentar una y otra vez lo imposible (Hermann Hesse) 125

Reflexión Nº 44
Si quieres destruir la maleza debes arrancarla de raíz 129

Reflexión Nº 45
Sin el frío y la desolación del invierno no tendríamos la tibieza y el esplendor de la primavera (Ho Chi Minh) 131

Reflexión Nº 46
El que se mantiene firme en la desdicha ya está a mitad de camino hacia la salvación (Johann Heinrich Pestalozzi) 133

Reflexión N° 47
Quien se acuesta con perros se llenará de pulgas. Quien se recuesta sobre la magia se contagiará de ella 137

Reflexión N° 48
Que saquemos provecho de situaciones pasadas depende de que nos arrepintamos o nos enriquezcamos con ellas 139

Reflexión N° 49
Cada día se despliega a tu vista un drama de la vida real. No te sientas defraudado; contémplalo con fascinación 141

Reflexión N° 50
Cada día despierta una gacela en África. Ella sabe que para... (Dr. David Molapo) 143

Reflexión N° 51
No se trata de que nos falta tiempo. Se trata de que tenemos mucho tiempo, pero no lo aprovechamos (Lucio A. Séneca) 145

Reflexión N° 52
Compárate con los mejores. Lo que no se compara no puede mejorarse 151

Reflexión N° 53
El amor propio es el comienzo de un romance maravilloso (Oscar Wilde) 155

Reflexión N° 54
Cuando luchas por alcanzar la meta, estás ayudando a otros a alcanzar la propia 157

Reflexión N° 55
Dos cosas hay que son perjudiciales para el que quiere ascender los peldaños de la felicidad: ... (Friedrich M. von Bodenstedt) 159

Reflexión N° 56
Lo que tenemos por delante y lo que dejamos atrás es insignificante en comparación con lo que está dentro de nosotros (Oliver Wendell Holmes) 161

Reflexión N° 57
No basta con tener visiones. Si deseamos hacerlas realidad, es preciso tener el valor de creer en ellas .. 163

Reflexión N° 58
Los ejecutivos deben conformar el entorno de sus colaboradores, de tal modo que se preserve la motivación (Uwe Renald Müller) 165

Reflexión N° 59
Toda la vida es un juego, y nosotros somos los jugadores 169

Última reflexión
El cansancio es el sentimiento más placentero que puede tenerse después de una jornada de dura labor; cuando sabes que has entregado todo lo que tenías y aun un poco de lo que no tenías 173

Apéndice 177

Se terminó de imprimir en Talleres Gráficos D´Aversa e hijos S.A.,
Vicente López 318/24, B1878DUQ QUILMES,
Buenos Aires, Argentina.